더
웨
이

The
way

T·h·e·w·a·y

더
웨
이

바이즈
지음

바른북스

菩提本無樹　　　보리(정각正覺)는 본디 나무가 아니고,

明鏡亦非臺　　　맑은 거울(마음)은 역시 틀이 없습니다.

本來無一物　　　본래 아무 것도 없는 것이니,

何處惹塵埃　　　어느 곳에 먼지가 낄 수 있겠습니까?

육조 혜능(六祖慧能)

내면의
관찰

덕(德)에 대해
말하다

습하지도 건조하지도 않은 바람이 피부에 닿는다. 걸음을 잠시 멈추고 고개를 들어 하늘을 본다. 하늘은 구름 한 점 없이 파랗다. 인사동 거리는 아침부터 한복을 곱게 차려입고 깔깔거리며 사진을 찍는 외국인 관광객들로 부산하다. 그들이 가을 햇빛을 조명 삼아 한국에서 인생샷을 담아내길 마음으로 빌어 본다.

외국인 관광객들을 지나 코너를 돌자 한글로 스타벅스라고 쓰인 간판이 눈에 들어온다. 나는 문을 힘차게 열고 매장으로 들어간다. 매장 창가 쪽에 앉아 아이패드에 시선을 둔 노인을 발견하고 다가간다. 노인의 존재는 언제나 주위를 평온한 에너지로 가득 채워 주는 것만 같다. 난 노인에게 밝은 목소리로 인사를 건넨다. 안녕하세요. 노인이 고개를 들어 따뜻한 눈빛으로 나를 바라보며 말한다. 그래. 어서 이쪽에 앉아. 따뜻한 아메리카노 자네 것도 시켜 됐네. 마침 진동벨이 울린다. 제가 가져올게요. 이제는 안면이 익은 점원이 밝은 미소와 함께 머그

잔에 담긴 아메리카노 두 잔을 픽업 테이블 위에 올려놓으며 말한다. 좋은 아침입니다. 그녀의 말처럼 상쾌한 아침이다.

며칠 전 노인은 엄숙한 표정으로 얼마 후 자신이 곧 긴 여행을 떠날 예정이라고 말하며, 떠나기 전에 내게 꼭 해주고 싶은 이야기가 있다고 했다. 오늘은 노인이 내게 그 이야기를 해주기 시작한 첫날이었다. 노인은 머그잔을 들고 커피 향을 천천히 음미하듯 마신다. 한동안 노인은 눈을 감고 깊은 침묵 속에 있었다. 그리고는 천천히 눈을 떴다. 따뜻함이 담긴 시선으로 나를 바라보며 입을 열었다.

"오늘부터 자네에게 덕(德)에 대한 이야기를 할 거야. 주의 깊게 잘 들어 주었으면 해."

내가 답했다.

"네, 주의 깊게 잘 듣겠습니다."

노인이 말했다.

"사람의 삶은 대체 무엇일까. 어떻게 사는 것이 잘 사는 것일까. 또 세상은 어떻게 시작했고, 어떻게 끝나는 걸까. 나는 무엇일까. 등등 이런 질문들을 자네도 많이 들어 봤을 거야. 혹은 스스로 질문해 본 적도 있겠지. 아주 오래전부터 인류는 삶의 의미에 대해, 나에 대해, 세상에 대해 알고 싶은 호기심으로 질문을 던졌어. 그리고 그중 몇몇은

답을 발견했어. 답을 발견한 사람들은 소위 인류의 스승이 되었고, 그 가르침들이 지금까지 전해 내려오고 있어.

노자도 그 답을 발견한 사람 중 하나일 거야. 그는 약 2,500년 전 춘추전국시대를 살았어. 신비한 분위기를 풍기는 터라 그를 따르는 사람들이 생겼지. 그러던 어느 날 노자가 먼 길을 떠나려 하자 성을 지키는 문지기는 급한 마음에 가르침을 청하게 돼. 난처해진 노자는 죽간에 5,000여 글자를 써서 문지기에게 전해 주고 길을 떠났다고 해. 그 책이 바로 도덕경이야.

도덕경은 크게 두 부분으로 이루어져 있어. 하나는 도(道)에 대한 부분이고, 다른 하나는 덕(德)에 대한 부분이야.

도라는 것은 말 그대로 풀이하면, 길이라고 보면 될 거야. 그 길은 시작도 없고, 끝도 없는 길이며, 하나의 계속되는 혹은 순환되는 과정이라고 할 수 있어. 또한 '길의 여정의 목적지 아닌 목적지'라고도 할 수 있을 거야. 이러한 것을 말로 표현하기가 어렵지만, 그래도 다시 한 번 표현을 해본다면, '자연(自然), 스스로 그러함, 본래 그러함.'이라 해야 할 거야.

만일, 도를 어떤 도달점 혹은 상태라고 한다면, '어떻게 도를 체득할 수 있을까?'라는 궁금증이 생겨. 그래서 노자는 그 실천 방법, 그 길을 가는 방법을 제시하고 있는데, 그것이 바로 덕이라는 거야.

덕이라는 말은 '쌓는다'는 의미를 가지고 있어. 또한 '덕'이라는 글자를 하나하나 풀어서 살펴보면, 다닐 행(行), 열 십(十), 눈 목(目), 하나 일(一) 혹은 숨을 은(乚), 마음 심(心)으로 구성되어 있음을 알 수 있어.

다닐 행(行)은 계속 나아가며 실행하는 의미로 보면 되고, 열 십(十)은 한 번, 두 번, 세 번 … 열 번, 반복해서 꾸준히 해나가는 것으로 볼 수 있어. 그렇다면 무엇을 할 것인가. 바로 눈 목(目), (마음의)눈을 사용해서, 하나 일(一), 하나에 집중하여 관찰하는 거야. 그런데 무엇을 관찰할 것인가. 바로 마음 심(心), 마음을 관찰하라는 거야.

정리하면 덕은 도를 체득하기 위한 실천 방법이고, 그 실천 방법은 열심히 그리고 꾸준히 내면과 마음을 눈으로 관찰하는 거야.

덕이라는 말을 불교적인 언어로 바꾸어 본다면 내면의 관찰(內觀)이라고 할 수 있어. 혹은 명상(冥想)이라고도 할 수 있겠지."

명상이라는 말은
모호해

"어제 자네에게 덕에 대한 이야기를 했어. 자네가 잘 기억하고 있는지 궁금하구먼."

내가 말했다.

"네, 덕(德)이라는 글자를 잘 살펴보면, 천천히 걷다 혹은 실행하다, 열 번, 즉 여러 번 반복해서, 눈으로, 하나를 집중해서 혹은 숨어 있는 것을 살피듯 자세히, 마음을 관찰하는 것을 의미한다고 하셨어요. 현대적인 언어로 표현하면 명상, 내면의 관찰이라고 해야 한다고도 하셨고요."

노인이 흐뭇하게 웃으며 말했다.

"그래, 자네가 아주 잘 기억하고 있어서 좋구먼. 우선 명상이라는 말에 대해 한 번 짚고 넘어가야 할 것 같아. 명상은 '어두울 명(冥)'과 '생각할 상(想)'자로 이루어져 있어. 그래서 뭔가 깜깜한 밤 같은 암흑 속에서 생각을 하는 것 같은 뜻으로 이해가 될 거야. 국어사전을 찾아보면, '고요히 눈을 감고 깊이 생각함. 또는 그런 생각'이라고 되어 있어.

그런데 이러한 뜻은 노자가 말하는 덕(德)의 의미와는 다르다고 할 수 있어. 그렇기 때문에 명상이라는 표현보다는 내면의 관찰이라는 표현이 보다 정확할 거야."

내가 말했다.

"그렇네요. 명상이라는 말은 어딘가 좀 모호한 느낌이 드네요."

노인이 다시 말했다.

"내면을 관찰한다는 것은 아주 중요해. 그러나 말처럼 쉽지 않지. 그런데 그 출발점이 될 수 있는 개념조차 명확하지 않으면, 마치 장님이 코끼리를 만지면서 일부분을 가지고 전부를 알았다고 하는 우(愚)를 범할 수 있을 거야.

이제부터 내면의 관찰에 대해 이야기해 볼게. 앞서 말한 것처럼, 여러 번 반복적으로 내면의 눈을 사용하여 한 대상인 마음을 집중하여 관찰하는 것을 말해. 여기서 중요한 것은 대상이 되는 것이 마음이라는 거야.

그런데 마음을 어떻게 관찰해야 할까. 자네 이해를 돕기 위해 불교적인 관점으로 이야기해 줄게.

사람은 정신과 육체로 이루어져 있어. 그 두 가지를 분리해서 머리로 이해할 수는 있지만, 실제로 분리해서 살 수는 없어. 그렇기 때문에 우리는 육체적인 구조의 바탕에서 정신적인 부분을 살펴봐야만 할 거야. 내면의 관찰도 당연히 육체와 정신의 두 부분을 함께 다루어야 할 것이고 말이야."

노인이 눈을 감고 잠시 동안 침묵한 후 천천히 눈을 뜨고 말했다.

"우리에게는 오감이 있어. 시각, 청각, 후각, 미각, 촉각이 있다는 말이야.

시각은 눈이라는 육체적 물질을 통해서 느끼는 감각을 말하고, 청각은 귀라는 육체적 물질을 통해서 느끼는 감각을 말하고, 후각은 코라는 육체적 물질을 통해서 느끼는 감각을 말하고, 미각은 혀라는 육체적 물질을 통해서 느끼는 감각을 말하며, 촉각은 피부라는 육체적 물질을 통해서 느끼는 감각을 이야기해.

이 다섯 가지 감각은 모두 육체적인 눈, 코, 귀, 입, 혀라는 물질을 통해서 인식되지만, 실제로 느끼기 위해서는 정신적 작용인 마음이라는 녀석이 있어야 해. 그래서 통상 다섯 가지 감각은 그 감각을 느낄 수 있게 하는 마음이 없다면 느낄 수가 없을 거야.

그렇기 때문에 역으로 마음을 관찰한다는 의미는,

시각을 '시각 그 자체'로 관찰하거나, 청각을 '청각 그 자체'로 관찰하거나, 후각을 '후각 그 자체'로 관찰하거나, 미각을 '미각 그 자체'로 관찰하거나, 촉각을 '촉각 그 자체'로 관찰하는 것을 의미한다고 할 수 있어.

석가모니는 이것을 '볼 때는 봄만 있고, 들을 때는 들음만 있으며, 맛을 볼 때, 냄새를 맡을 때, 만질 때는 단지 맛을 봄, 냄새 맡음, 만짐만 있다. 인식할 때는 오직 인식만이 있다.'라고 표현했어.

다시 말해 의식을 눈에 두면, 눈을 통해서 인식되는 화면들을 볼 수 있고, 의식을 귀에 두면, 귀를 통해 온갖 소리가 들려. 의식을 코로 가져가면, 코를 통해 감지되는 냄새를 맡게 되고, 의식을 혀로 가져가면, 혀를 통해 감지되는 맛을 맛보게 돼. 의식을 몸으로 가져가면, 몸에 닿는 미세한 바람 같은 만짐을 느낄 수 있어.

이것으로 우리는 어떤 사실을 발견할 수 있어. 그것은 바로 우리의 의식은 한 번에 한 가지 대상만을 인식한다는 점이야. 이것은 오랜 시간 내면의 관찰을 하다 보면 알 수 있는 명확한 사실이야.

오감 중 한 가지 대상을 선택하면 자연스럽게 마음을 관찰하게 된다는 말이야. 시각, 후각, 청각, 미각, 촉각 중 어느 것을 선택한다고 할지라도 결국 관찰하는 것은 마음이라고 볼 수 있어.

시각(視覺)이라는 말 자체를 보면 돼. 시(視)는 '본다'는 눈의 물질적 작용을 말하고, 각(覺)은 '안다'는 마음작용을 말해. 그래서 이미 시각, 청각, 후각, 미각, 촉각이라는 말 자체에 육체와 정신 두 가지 작용은 항상 함께 일어나고 있다는 것을 표현하고 있어.

그러나 보다 쉽게 자네를 이해시키기 위해 이 두 가지가 마치 분리되어 있는 것처럼 설명하고 있는 것뿐이야. 이 점을 유의해 주길 바라네.

알겠어?"

노자는
명상을 했을까?

내가 물었다.

"근데 제가 정말 궁금해서 여쭤보는 건데요. 노자가 명상을 했어요?"

노인이 말했다.

"허허허, 사실 나도 잘 몰라.

그런데 노자가 저술한 도덕경을 읽어 보면, 노자가 만약 명상수행을 하지 않았다면 절대 알 수 없을 내용들이 많이 기록되어 있어.

예를 들어 도덕경 54장에,

* 그것을 자신의 몸과 마음으로 수행하면, 그 덕(알아차림)이 비로소 명료해져(修之於身, 其德乃眞), 라는 표현이 있고,

도덕경 62장에,

* 비록 진기한 보물을 가지고 있으면서 '사마(駟馬)-네 마리의 말이 끄는 수레'를 타고 앞으로 나아갈 수 있을지라도, 앉아서 이 도에 힘쓰는 것만 못할 거야(雖有拱璧以先駟馬 , 不如坐進此道), 라고도 했어.

또한 노자의 제자라 일컬어지는 장자의 글을 읽어 보면 도교 수행법의 근간을 이루는 내용들이 있고, 나아가 노장사상을 바탕으로 만들어 낸 여러 가지 방식의 수련 방법 역시 마찬가지로 노자가 수행을 했다는 타당한 의심에 단초를 제공해 준다고 볼 수 있어.

의식의 수준에 대한 이야기도 도덕경 41장에 간략하게 말했는데,

* 의식 수준이 높은 선비가 도를 들으면, 근면하게 그것을 행하고(上士聞道 , 勤而行之),

* 중간 수준의 선비가 도를 들으면, 그것을 마치 있는 듯 없는 듯 여겨 버려(긴가 민가 한다는 말)(中士聞道 , 若存若亡),

* 만약 낮은 수준의 선비가 도를 들으면, 그는 그것을 비웃을 뿐이야(下士聞道 , 大笑之), 라고 했어.

노자는 자신이 말한 것들을, 듣는 사람 자신의 의식 수준에 의해 '아마도 어떤 이는 알아듣고, 어떤 이는 알아듣지 못하고, 또 어떤 이는 완전히 오해하여 비웃을 수 있다.'고 여겼어.

물론 이러한 모든 이야기들을 통해 알 수 있는 것은 '노자가 명상을 했다'는 증거라 하기보다는 그저 추측이고, 합리적인 의심에 의한 결론이라고 할 수 있겠지. 그러나 그렇다고 해서 지금 자네에게 이야기하고 있는 노자의 명상법이 아주 터무니없는 것은 아니니 잘 들어 주길 바라. 물론 강요하는 것은 아니야. 듣기 싫으면 듣지 않아도 상관은 없어."

내가 시큰둥한 목소리로 말했다.

"아!, 또 그렇게 말씀하실 줄 알았어요. 알겠어요. 뭐 이미 이야기를 시작하셨으니, 저도 열심히 잘 들어 보긴 하겠습니다."

노인이 말했다.

"내가 이 이야기를 시작한 이유는 명상, 내면의 관찰이라는 것에 대해 너무도 많은 이야기와 주장, 오해들이 난무하기 때문이야. 노자가 도덕경에서 이야기한 것처럼, '내 말은 쉽고 단순한데, 사람들은 그런 것을 듣지 않는다'라는 거야. 명상은 무엇인가 신비한 초능력을 얻기 위해서, 혹은 어떤 특별한 사람이 되기 위해서 하는 것이 아니야.

명상은 그저 자연스럽게 살기 위해서 하는 것이야. 우리는 재미있게도 자연스럽게 사는 방법을 잊어버렸어. 어린아이처럼 사는 방법을 말이야.

어린아이들은 명랑하고, 쾌활하고, 걱정 없이 세상을 살아. 그게 자연스러운 삶이거든. 그런데 어른이 되고 나면 자연스럽게 사는 법을 잊어버리고 말아. 그래서 이렇게 또 쓸데없이 자연스럽게 사는 법을 알려 줄 수밖에 없는 거야.

그런데 만약 자신이 스스로 자연스럽게 어린아이처럼 살고 있다고 여긴다면, 아마도 그런 사람은 이 이야기를 들을 필요는 없을 거야. 또한 그런 사람에겐 이런 이야기가 터무니없는 소리처럼 들릴 거야. 마치 노자가 도덕경에서, '잘 잠긴 문을 또다시 자물쇠로 잠그는 것'으로 묘사한 군더더기 같은 짓으로 여겨질 것이니 말이야.

알겠어?"

관찰의
대상

호흡을 관찰의 대상으로
삼은 이유

노인이 말했다.

"앞서 마음을 관찰하기 위해서는 오감 중 한 가지를 선택하면 된다고 했어. 그렇지만 처음 내면의 관찰을 시작하는 사람에게는 무슨 말인지 이해가 되지도 않고, 막상 시각을 대상으로 관찰을 하려고 한다면, 아마 집중이 제대로 되지 않을 거야. 시각 대상이 되는 것은 이 세상에 너무나도 많고, 말 그대로 시시각각 변하기 때문에 한 가지 대상에 고정하여 집중하기 어렵다는 의미야.

마찬가지로 후각, 미각, 청각을 대상으로 집중을 하려고 하면, 역시 갈피를 잡을 수 없을 거야.

왜냐하면 후각은 '냄새 없음'이 기본으로 되어 있고, 후각을 대상으로 하려면 일정한 냄새가 지속적으로 발생하는 곳에서만 가능해. 마찬가지로 미각도 '맛 없음'이 기본으로 되어 있기에, 미각을 대상으로 하려면 끊임없이 맛을 만들어 내는 무엇인가가 필요할 거야. 청각도 그런 맥락에서 생각해 보면 마음을 관찰하기 위한 대상으로 삼기 그렇게 좋은 감각은 아니란 것을 알 수 있어.

그렇다면 다섯 가지 감각 중에 가장 편리한 것이 아마도 촉각일 수 있을 것 같지. 그러나 잘 생각해 보면 촉각의 경우도 그냥 '몸의 느낌' 을 관찰하려고 한다면, 도무지 갈피를 잡을 수 없을 거야.

그래서 노자도 아마 고민을 많이 했을 거야. 결국 답을 찾았는데, 그것은 바로 '숨'을 관찰하는 것. 정확하게 말하면 숨이 '들어오고 나오는 것'에 대한 촉각을 관찰한다고 보는 것이 좋아. '호흡이 일어나는 콧구멍 주변에 대한 감각을 관찰한다'는 의미야.

물론 불교 수행에서도 '아나빠나 사띠(anapanasati)'라는 용어가 있어. 이것은 바로 호흡에 대한 알아차림을 말해. 정확하게 말하면 '아나(ana)'는 들숨을 '빠나(pana)'는 날숨을 의미해. '사띠(sati)'는 우리말로 끊임없는 알아차림 정도의 의미야.

즉, 들숨 날숨에 대한 알아차림을 말해.

호흡관찰의 정확한 위치에 대해서는 이런저런 의견이 많이 있어. 실제로 수행을 해본 경험이 있는 사람들 사이에서 이 위치를 가지고 이러쿵저러쿵 싸움이 일어나기도 해."

노인이 잠시 침묵하다가 다시 이야기했다.

"그렇지만 우리가 지금 이야기하는 것은 노자의 명상법이기 때문에 노자가 말하는 호흡관찰 위치에 대해 알려 줄게. 그 위치를 관찰 대상으로 삼으면 문제가 없을 거야. 그럼 노자가 호흡관찰의 정확한 위치에 대해 '도덕경'에서 밝혔는지 궁금할 거야. 그렇지?

노자는 이렇게 말했어.

'자연(自然)'이라고 말이야. 자연이라는 말은 아주 중요해. 이번 기회에 명확하게 이해하고 넘어가도록 하자고. '스스로 자', '그러할 연'으로 '스스로 그러한 것'을 말해. 다시 말하면, '본래 그러한 것', '당연한 것'을 의미해. 자연이라는 말은 중국 고전에서 노자 도덕경에 처음 쓰인 것으로 후대의 사람들이 '자연과학'이니 뭐니 하며 의미를 약간 변형시켜 사용하기 시작했어. 그러나 본래 의미하는 것은 '당연히 원래 그러하다.'라는 거야.

그렇기 때문에 명상, 내면의 관찰도 자연스러움에서 벗어나면 안돼. 자연스러움에서 벗어나게 되면 노자의 표현에 의하면 병(病)이 되는 것이기 때문이야. 그렇다면 다시 호흡으로 돌아와서 자연스러운 호흡이 어떤 것인지 한번 생각을 해보자고. 갓 태어난 아기, 혹은 갓 태어난 고양이, 강아지 등의 동물들을 잘 관찰해 보면 모두 복식호흡을 하고 있는 것을 알 수 있어.

복식호흡을 한다는 말은 배로 호흡하고 있다는 의미야. 숨의 깊이가 배까지 닿을 정도로 배가 나왔다 들어갔다 하는 식의 깊은 숨을 쉬는 것을 말해. 그런데 자네 갓 태어난 고양이가 어미젖을 먹지 못하여 면역력이 떨어져 오래지 않아 죽을 때는 어떻게 되는지 관찰해 본 적 있나. 숨이 점점 위로 올라가기 시작해서 마지막에는 숨을 껄떡껄떡 목으로 쉬기 시작하다가 거칠어지면서 숨을 들이쉬며 죽음에 이르게 돼. 다시 말해 깊은 숨이 점점 얕아진다는 것을 알 수 있어.

사람도 마찬가지야. 갓난아기는 복식호흡을 해. 그러다 20대, 30대가 되면 점점 흉부 호흡을 해. 스스로 자신이 어떻게 숨을 쉬는지 잘 느끼지도 못하다가 이런 이야기를 해주면 자신이 가슴으로 숨을 쉬고 있다고 발견하게 돼. 자네도 한번 스스로 관찰을 해봐. 지금 복식호흡을 하고 있는지 아니면 흉부 호흡을 하고 있는지 말이야.

이 복식호흡을 어떤 사람들은 단전(丹田)호흡이라 말하기도 해. 그냥 쉽게 말하면 자연호흡이라고 할 수 있어. 원래 우리가 태어났을 때 자연스럽게 탑재되어 있는 호흡방식이라는 말이야. 그런데 사람들은 현대사회의 구조적 원인 등으로 그 자연스러움에서 벗어나 점점 부자연스럽게 되기 때문에 다시 자연호흡을 배우려고 기를 쓰고 노력하는 현실이 안타까울 따름이야. 이 이야기는 추후에 다시 한번 기회가 되면 이야기하기로 하고, 다시 본론으로 돌아와 보자고.

노자가 호흡관찰의 위치에 대해 답한다면 아마 이렇게 이야기할 거야.

- 자연스럽게 호흡을 하게 하는 곳을 관찰하세요.
- 복식호흡, 단전호흡을 하게 하는 곳을 의식의 대상으로 삼으세요.

그곳이 바로 윗입술의 위, 콧구멍의 바로 아랫부분인 '인중(人中)'이야. 그렇지만 이 인중에 너무 집착할 필요는 없어.

의식을 인중에 두고, 그냥 숨을 한 번 쉬어 봐. 그럼 숨이 단전까지 내려갔다가 올라오는 것을 느낄 수 있을 거야. 보통은 코끝을 기준으로 5cm 지름의 동그란 원을 만들어서 그곳에 의식을 집중하고, 들숨 날숨을 해보면 바로 단전호흡이 되는 것을 알 수 있어. 이때의 주의사항은 호흡을 억지로 하는 것이 아니라 의식을 코끝에 집중하고 있는 것이야.

인중에 의식을 집중할 경우 의식 집중 대상은 들숨과 날숨이 인중에 닿는 촉감이지 결코 호흡을 쫓아다니라는 말이 아닌 거야. 한 번 의식을 인중에 집중하고 가만있어 봐. 호흡은 저절로 일어나는 것이니까. 잠시 한 번 시도해 봐. 그렇지? 자연스럽게 단전호흡을 하게 되지?

평상시 눈을 뜨고 의식을 인중 혹은 코끝에 두면 돼. 그럼 그냥 자연호흡이 되는 거야. 그렇게 자연스러운 호흡을 연습을 통해 다시 찾을 수 있게 돼. 그런데 왜 연습이 필요한 것이냐. 현대인들은 너무도 많이 자연스러움을 잃어버렸기 때문이야. 또한 에고적 환상에서 살고 있기 때문에 연습이 필요한 거야. 사실 이 환상에서 벗어나, 자연호흡을 하는 그 순간에는 에고가 잠시 사라지는 경험을 하지만…. 아무튼 부자연스러움에 너무나도 익숙해 있는 우리의 습관에서 벗어나기 위해서 틈틈이 연습해야 할 거야.

  알겠어?"

마음의 본 상태는
침묵이다

노인이 말했다.

"우리가 자연호흡에서 벗어나 있기 때문에 '인중(人中)'을 관찰하는 훈련을 통해 자연스러운 호흡을 연습해야 하는 아이러니에 빠지게 된 것을 이야기했어. 노자가 도덕경에서 이야기했던 것처럼 호흡을 억지로 어떻게 하려는 행위 자체는 쓸데없는 짓이 될 거야. 그렇지만 이미 자연스러움에서 벗어난 우리들은 어쩔 수 없이 한동안은 연습을 해야 자연호흡을 할 수 있겠지.

이제부터 조금 더 심도 있는 이야기를 진행해 보도록 할게. 그럼 대체 '노자가 말하는 자연호흡을 어떻게 관찰해야 하는 것인가'라는 문제에 봉착하게 되어 있어.

이 문제를 이야기하기에 앞서 우리는 '우리가 관찰을 할 수 있게 해주는 근본'에 대해 이해할 필요가 있어. 우리가 관찰을 한다고 했을 때, 빠짐없이 등장하는 녀석이 바로 마음이야.

　예를 들어, 눈으로 관찰을 하려면, 눈을 통해 들어오는 화면을 시각이라는 감각기관으로 접수하고, 접수된 그 감각을 마음이라는 에너지장에 투영하고, 마음은 또 자각이라는 더 큰 에너지장을 통해 우리가 인지하였음을 알 수 있게 해주는 것이거든. 그렇다면 우리가 지금 먼저 이해해야 할 것이 바로 '마음이라는 녀석은 대체 무엇인가?'일 거야.

　그렇다면, 노자가 마음의 자연스러운 상태를 어떻게 묘사했는지 한 번 짚고 넘어가는 것도 좋을 거야.

　도덕경 23장에 적절한 비유를 했어. 바로 희언자연(希言自然)이란 표현이야.

　내면을 관찰해 보니 마음의 본체를 알게 되었는데, 마음의 본래 상태, 자연상태가 바로 침묵 상태라는 거야.

　희언자연(希言自然)을 문자 그대로 해석하면, '말을 적게 하는 것, 본래 그러한 것이다'라는 뜻이야. 뒤에 이어지는 문장이 고표풍부종조(故飄風不終朝)이고 번역하면, '그러므로 회오리바람은 아침나절 동안 계속되지 않고', 취우부종일(驟雨不終日), '소나기는 하루 종일 내리지 않아'라고 할 수 있어. 이 말은 우리 내면세계에서 침묵이 자연스러운 것과 마찬가지로, 마음의 본래 상태가 침묵이고, 말이라는 것, 생각이라는 것 등등 마음에서 무엇인가 일어난 것은 잠시 후 사라지는 것일 뿐 그것이 마음의 본래 상태는 아니라는 말이야.

그것은 자연을 관찰해 보아도 마찬가지야. 마치 회오리가 잠시 불다 사라지고, 소나기가 잠시 내리다 그치는 것처럼. 하늘과 땅에서 일어나는 회오리나 소나기는 기후의 이상(異常)에 의해 잠시 동안 일어났다 사라지는 것이지 그것이 본래 상태는 아니라는 말이야. 예를 들어 하늘에 구름이 있어 푸른 하늘을 잠시 동안 가리고 있지만, 푸른 하늘이 변함없이 청명하게 존재하고 있는 것을 현대의 우리들은 비행기를 타고 다니면서 눈으로 확인했듯이 말이야.

다시 한번 이해를 돕기 위해 현대적인 관점에서 한번 이야기해 줄게.

근세에 많은 현자들이 마음의 본래 상태를 영화관의 스크린으로 비유했어. 자네도 알다시피 영화관 스크린 자체는 변함이 없어. 다만 영화가 상영되는 동안 그 스크린에 화면이 투영되는 것일 뿐이야. 그렇다고 영화가 끝나고 화면의 투영이 끝났을 때, 스크린에 흠집이 나는 것은 아니야. 스크린은 투영된 화면에 아무런 영향을 받지 않고 변함없이 계속 그 자리에 있어.

노자는 내면을 관찰했어. 그리고 결국 마음의 본래 상태를 알게 되었어. 말이나 생각, 화면, 감정 등이 마음에서 일어나는 것을 막을 수는 없지만, 마음은 본디 '고요하고, 침묵하고 있다'는 것을 말이야."

자연호흡을
관찰하라

노인이 말했다.

"이제 다시 노자가 말하는 '자연호흡은 어떻게 관찰하는 것인가?'라
는 문제에 대해 이야기할게.

이것도 노자가 말하는 자연(自然)에서 힌트를 얻을 수 있어. 아주 당
연한 말이지만, 바로 자연스러운 호흡을 관찰하면 되는 거야.

의식을 인중에 묶고,
혹은 코끝에 묶고 나서,

가만히 있으면,
공기가 코를 통해 들어오고,
잠시 멈추고,

공기가 코를 통해 나가고,
잠시 멈추고를 반복하고 있음을 알 수 있어.

이때에 들숨과 날숨은 길어지기도 하고 짧아지기도 하는데,
모든 호흡이 제각각으로 천차만별이야.

이 호흡을 억지로 깊이 하려고 하거나,
얕게 하려고 하면 안 돼.

또한 호흡을 억지로 멈추려고 한다거나,
일부러 빠르게 내쉬려고 해서도 안 돼.

호흡을 통제하지 말고, 자연스럽게 그냥 두면 되는 거야.

다시 한번 이야기를 해주면,
의식을 인중이나 코끝에 묶는 것만 하라는 거야.
그리고 호흡이 들어오고 나가는 것을 관찰하기만 하면 된다는 말
이야.

정확하게는 들숨이 닿는 느낌, 날숨이 닿는 느낌을 그저 지켜보고만
있으면 되는 거야.

이러한 연습은 동시에 의식을 한곳에 집중하는 연습이 되는 것인데,
이 점에 대한 것은 추후에 다시 이야기해 줄게.

들숨과 날숨을 관찰하다 보면,

그 느낌이 길게 느껴지고,

짧게 느껴지고,

차갑게 느껴지고,

따뜻하게 느껴지기도 해.

어쩔 땐,

아무런 느낌이 없는 것처럼 느껴지기도 하고,

찌릿찌릿하는 것 같을 때도 있어.

어떤 느낌이 느껴지더라도 전혀 중요한 사항이 아니야.

핵심은 그저 관찰하는 거야. 관찰의 핵심은 마음과 의식을 인중(人中) 혹은 코끝에 지속적으로 두는 것이야.

이 부분에 대해 노자는 도덕경 55장에서 '심사기왈강(心使氣曰強)'이라고 표현했어. '숨을 마음대로 하려는 것을 일컬어 억지스러움이라 말한다.'라는 뜻으로, 뒤에 이은 문장이, 물장즉로, 시위부도, 부도조이(物壯則老 , 是謂不道 , 不道早已), '만물이 단단해진다는 것은 곧 늙는다는 것으로, 이것을 도에 맞지 않는다고 하고, 도가 아닌 것은 일찍 끝난다.'라고 했어.

쉽게 말하면 '숨을 통제하려고 하고 자연호흡에서 벗어나면 점점 굳어지기 시작하고, 굳어진다는 것은 늙는 것이고, 이러한 것은 자연스

러움(도)에 맞지 않기에, 부자연스러움은 일찍 죽음을 맞이하게 한다'
는 의미라고 보면 돼.

　노자는 우리에게 항상 자연스러움에 대해 강조하고 있는 거야. 그
특징으로 부드러움, 연약함, 억지로 하지 않음, 통제하지 않음, 무위(에
고 없이 행함) 등등을 이야기하고 있는데, 자연호흡관찰에서도 가장 중
요한 핵심은 호흡을 자연스럽게 그대로 두는 것이라는 말이야.

　알겠어?"

문제의
근원

무엇이 문제인가?
-병(病)

노인이 말했다.

"동서양의 깨달은 사람들은 모두 한 가지 질문을 했고 그 답을 찾았어. 그것이 바로 '나는 누구인가?'라는 질문이야. 그리고 또 한 가지 질문을 덧붙였는데, 그것이 바로 '무엇이 문제인가?'라는 거야.

우선 '나는 누구인가?'의 문제는 추후에 다시 살펴보기로 하자고. 오늘은 '무엇이 문제인가?'에 대해 이야기하도록 할게.

- 나에게 있어서 무엇이 문제일까?
- 이 삶에 있어서 대체 무엇이 문제일까?

만약 문제가 무엇인지 명확하게 알 수 있다면, 아마도 그 해결책도 찾아낼 수 있을 거야. 그런데 재미있게도 수많은 사람들이 무엇이 문제인지 모르고 있어. 혹시 자네는 무엇이 문제인지 알고 있나?"

내가 물었다.

"네? 글쎄요. 대체 뭐가 문제인 거죠?"

노인이 방긋 웃으며 답했다.

"허허허.

그럼 바로 노자가 생각하는 문제의 근원을 한번 찾아보도록 하자고. 이 삶에 있어서 노자가 말하는 문제의 근원은 바로 병(病)이야. 도덕경 전체에서 노자는 병(病)이라는 글자를 총 9번 썼는데, 그중 71장에 8 번을 반복해서 중요한 힌트를 우리에게 알려 주려고 했어. 한 장에 같은 글자를 이렇게 많이 쓴 것은 도덕경 전체를 찾아보아도 71장이 유일무이(唯一無二)해. 그만큼 병이라는 것에 대한 이해가 아주 중요하다는 말이야.

그럼 우선 71장 전체를 한번 살펴보도록 할게.

* **모른다는 것을 아는 것은** (수준)**높고, 모르는데 안다고 여기는 것은 병이야**(知不知上, 不知知病).

* **무릇 병을 병으로 여기기 때문에, 이러한 까닭에 병이 아니고**(夫唯

病病, 是以不病),

＊ 성인은 병이 없는데, 그 까닭은 병을 병으로 여기기 때문이며, 이 러한 까닭에 병이 없는 거야(聖人不病, 以其病病, 是以不病).

병(病)이라는 글자는 병상에 누워서 식은땀을 흘리고 있는 모습을 표현한 것이라고 해. 글자의 사전적 의미를 살펴보면, '질병, 근심, 흠, 결점, 손해, 피로하다, 지치다, 시들다, 괴로워하다, 굶주리다' 등의 뜻 이 있어. 71장의 병을 '근심, 괴로움'으로 바꾸어서 문장을 해석해도 전체 맥락의 의미에서 벗어나지 않아.

'모른다는 것을 아는 것은 높은 수준의 사람이고, 모르는데 안다고 여기는 것이 바로 괴로움이야. 무릇 괴로움을 괴로움으로 여기기에, 이런 까닭에 괴로움이 아닐 수 있고, 깨달은 사람은 괴로움이 없는데, 그 까닭은 괴로움을 괴로움이라고 알기 때문이고, 이러한 까닭에 괴 로움에서 벗어날 수 있는 거야.'

라는 의미로 보면 오히려 쉽게 이해가 갈 거야."

노인이 잠시 침묵한 후 말했다.

"불교에서도 삼법인(三法印)을 제시하는데, 삼법인은 불교의 세 가지 근본이 되는 가르침을 말해. 그것이 바로 '무상(無常), 고(苦), 무아(無 我)'야. 이 중에서 고(苦)는 직접적으로는 '맛이 쓰다'라는 뜻이고, 나아가 인생의 괴로움을 의미해. 그래서 부처는 일체가 고통, 괴로움이고, 고통은 소멸할 수 있고, 괴로움을 소멸하는 방법이 있는데, 그것을 불법을 통해 전달하려고 해. 그것을 고집멸도(苦集滅道)라고 하고, 사성제(四聖諦)라고 해. 부처는 우리의 고통이 발생하는 원인에 대해 이야기하는데, 그것을 무명(無明)이라고 말했어. 무명은 글자 그대로 보면 '밝음이 없음'이라는 뜻인데, 무지(無知)와 의미적으로 상통하는 것으로 볼 수 있어. 물론 무지와 무명은 다른데, 이런 구체적인 차이에 대한 것은 자네 스스로 공부해 보는 것도 아주 좋을 거야.

노자도 같은 말을 하고 있어. 우리의 괴로움은 우리가 본래 모르는데 안다고 여기기 때문에 발생한다고 말이야. 즉, 스스로 안다고 여기는 착각이 문제의 근원이라는 거야.

그렇다면 해결책은 무엇일까. 노자는 문제의 근원은 우리가 본래 모른다는 것을 안다고 여기는 것이라 했으니, 해결책은 우리가 본래 모른다는 것을 모르는 것으로 명확하게 알면 된다는 거야.

그래서 명확하게 스스로 모른다는 것을 알기 위해 하는 것이 바로 지금 우리가 이야기하고 있는 노자의 명상법이야.

알겠어?"

몸은 내가 아니다
-무아(無我)

노인이 말했다.

"노자는 문제의 근원이 바로 모르는데 안다고 여기는 것이라 이야기했어. 그 해결책으로 모름을 모름으로 명료하게 아는 것이라 설명했어. 그런데 대체 무엇을 모른다는 것일까. 무엇에 대해 모른다는 것을 알아야 한다는 것일까. 노자는 대부분 사람들이 착각에 빠져 있다고 해.

도덕경 13장을 한번 살펴볼게.

* 사람들은 총애와 치욕을 마치 놀라는 것처럼 여긴다(人寵辱若驚).

사람들이 사랑받음과 비난받음 두 가지에 모두 영향을 받는다는 거야. 마치 깜짝 놀라는 것처럼 마음의 동요를 일으키는 것을 비유적으로 이야기한 거야.

* 큰 근심을 귀하게 여김이 마치 몸과 같이 여긴다(貴大患若身).

사람들이 걱정거리와 근심을 마치 자기 자신처럼 애지중지한다는 말이야. 큰 걱정거리와 근심은 현실에 대한 지각일 뿐이야. 즉, 마음에서 좋아하거나 싫어함의 반응을 일으킨 것일 뿐인데, 보통 사람들은 근심, 걱정거리가 생기면 그것을 벗어나기 위해 발버둥을 치거나, 그것을 부여잡고 계속해서 근심, 걱정을 하려는 집착을 일으킨다는 말이야.

노자의 표현에 의하면 '마치 근심과 걱정을 자기 자신의 몸처럼 여긴다.'는 거야.

* 총애와 치욕을 놀라는 것처럼 여긴다는 말이 무슨 뜻인가?, 총애는 하찮은 것인데, 그것을 얻으면 놀라고, 그것을 잃어도 놀란다. 이런 이유로 총애와 치욕을 마치 놀라는 것처럼 여긴다는 말이다
(何謂寵辱若驚, 寵爲下, 得之若驚, 失之若驚, 是謂寵辱若驚).

사랑을 받는 것도, 비난을 받는 것도 사실은 영원한 것이 아니고 '나'라는 것이 있다고 믿기 때문에 의미가 있는 것인데, 이러한 타인의 평판에 일희일비한다는 거야.

* 큰 근심을 몸처럼 귀하게 여긴다는 말이 무슨 뜻인가? 내가 큰 근

심이 있다고 여기는 바의 까닭은, 내가 몸이 있다고 여기기 때문이다. 내가 몸이 없다면, 내가 무엇을 근심할 수 있겠는가?(何謂貴大患若身, 吾所以有大患者, 爲吾有身, 及吾無身, 吾有何患)

나라고 불릴 수 있는 에고는 실제로 존재하는 것이 아닌 환상에 불과한 것이야. '나의 몸'이라는 것도 에고적인 생각일 뿐 그 이상도 그 이하도 아니라는 말이야. 만약 에고가 없다면, 근심이 있을 수가 없어.

* 그런 까닭에 천하를 위하는 것보다 (자신의)몸을 귀하게 여긴다면, 천하를 (그에게)맡길 수 있다(故貴以身於爲天下, 若可寄天下).

* (자신의)몸을 바쳐서 천하를 위하려는 자, 어떻게 천하를 (그에게)맡길 수 있겠는가?(愛以身爲天下, 如可以寄天下)

천하(天下)라는 것은 그저 개념이야. 잘 생각해 봐. 천하가 어디 있는지. 천하는 머릿속에만 있는 개념이야. 개념을 만약 자신의 몸보다 귀하게 여기는 사람에게 어떻게 천하를 맡길 수 있겠냐는 노자의 말이야.

몸이라는 것은 천하라는 개념보다는 오히려 실상에 더 가깝거든. 그러니 실상보다 개념을 귀하게 여기는 사람에게 어떻게 천하를 맡길 수 있냐는 말이야. 몸을 오히려 천하보다 귀하게 여길 수 있는 사람에게 천하를 맡길 수 있다는 비유적인 표현으로 이해하면 돼.

노자는 사람들이 무엇을 모르고 있는지에 대해 힌트를 주고 있는데,

그중 몸은 내가 아니란 것이고, 천하라는 개념보다는 몸이 오히려 더 실상에 가깝다는 것이고, 중요하다는 말이야."

　노인이 잠시 목소리를 가다듬고 말했다.

"부처는 분명한 어조로 이렇게 이야기했어. 제법무아(諸法無我)라고. 제법무아는 불교의 기본교리인 삼법인의 하나로 모든 것은 인연에 의해 생겨나는 것이므로 자아(自我), 에고(ego)라고 할만한 실체가 없다는 말이야. 그런데 사람들은 '나'에 집착을 일으켜 그릇된 견해를 갖게 되니, 이를 없애기 위해서 무아(無我)라고 한다는 거야. 무위 해공의 《나는 없다》라는 책에서 아주 직접적으로 '본래 무아(無我)다, 나는 본래 없다.'라고 표현했어.

　노자 역시도 같은 이야기를 하고 있는 거야. 몸은 '나'가 아니란 말이야. 우리가 몸과 몸의 감각이 일으킨 유쾌함과 불쾌함을 마치 '나'라 여기고 집착하는 것이 문제라는 거지. 그렇기 때문에 총애, 치욕을 얻어도 혹은 잃어도 반응할 필요가 없어지는 거야.

　쉬운 예를 들어 볼게.

　일상생활에서 자동차를 타고 운전을 하고 있는데, 옆 차선에서 접촉 사고가 일어난 것을 보았어. 앞차는 뒤범퍼가 살짝 찌그러졌고, 뒤차는 앞범퍼가 완전히 들어갔어. 그것을 목격했다고 하자고. 그럼 자네는 어떤 마음 상태가 되나?"

내가 말했다.

"글쎄요. '그냥 사고가 났군!, 참 안되었구나!' 하고 잊어버리죠. 별로 크게 신경 쓰지 않는데요."

노인이 웃으며 말했다.

"그래. 대부분 사람이 그럴 거야. 내 차가 아니거든. 그럼 만약에 자네 차를 주차장에 잘 주차했는데, 다음 날 아침 출근하려고 주차장에 내려와서 보니 자네 차 오른쪽 문이 찌그러져 있다면, 혹은 못 같은 것에 긁혀 있는 흔적을 발견한다면 어떨 것 같아?"

내가 말했다.

"아! 그런 일이 있었죠. 엄청 열 받아서 우선 블랙박스를 켜고, 누가 그런 것인지 밝혀내서 일벌백계(一罰百戒)하려고 막막…."

노인이 말했다.

"그래, 그랬을 거야. 그런데 앞의 상황과 뒤의 상황은 별 차이가 없는데, 왜 자네는 앞의 상황은 괜찮았는데, 뒤의 상황에서는 괜찮지 않았을까. 그건 아주 단순한 이유에서야. 앞의 상황은 남의 일이라 생각했기 때문에 괜찮은 것이고, 뒤의 상황은 나의 일이라고 생각하기 때문에 문제가 발생한 거야. 또한 남의 차, 내 차라는 개념, 그 분별에 의해 문제가 발생한 거지.

　핵심은 아주 단순하고 명확해. 바로 나라는 집착, 나의 것이라는 망상이 바로 문제를 만든다는 거야. 그렇기 때문에 만약 에고(ego)가 없다면, 문제도 역시 없을 거야.

　알겠어?"

앎에 대해
−무아위(無我為)

노인이 말했다.

"우리의 존재에 대해 깊은 탐구를 했던, 소위 깨달은 사람은 동일한 앎에 도달했어. 그 앎은 깨달았다는 것의 단 하나의 기준이라고도 할 수 있을 거야. 그렇다면 그 앎을 우리들은 어떻게 이해해야 할까. 우리도 깨달은 사람들과 마찬가지 앎에 도달한다면 분명코 그들과 내가 다르지 않음을 알 수 있을 것인데 말이야.

노자는 자신이 깨달은 그 앎을 도(道)라고 이야기했어. 언어로 표현할 방법이 없는데 어쩔 수 없이 문자로 표현을 한다고 부연했어. 도는 문자적 의미 그대로 길이라는 뜻이야. 그런데 그 길은 시작도, 끝도 알 수 없는 길이고, 어떤 과정을 뜻하기도 해. 또한 목적지 아닌 목적지를 의미하기도 해.

만약 노자가 그저 도만을 이야기했다면, 도덕경은 아무런 가치가 없는 형이상학적 담론에 불과했을 거야. 개념을 위한 개념, 그저 허황된 무엇을 잡으려는 에고적 발버둥 그 이상도 그 이하도 아니었을 거야.

다행스럽게도 노자는 도라는 목표를 제시하고, 그것에 대해 비유하고, 그것을 이룬 사람의 경지에 대해 최선을 다해 설명했어. 또한 그 길을 가는 방법으로 덕을 이야기했어. 덕(德)은 앞에서도 말했지만, 문자적 의미로 살펴보면 '행한다, 열 번, 눈으로, 하나에 집중해, 마음'이라는 뜻이야. 다시 말해 '마음을 눈으로 살피듯 집중하여, 반복하여 수행한다'라는 거야. 그것을 현대적인 언어로 바꾸면 명상이라고 할 수 있고, 풀어서 말하면 내면의 관찰이라고 할 수 있어."

노인이 잠시 침묵한 후 말했다.

"노자는 덕이라는 방법으로 도라는 앎에 도달했어. 그 앎에 대한 설명이 도덕경 전반에 걸쳐서 표현되어 있어.

그 첫 번째는 자연(自然)이라는 표현이고, 그 두 번째가 오늘 자네에게 이야기하려 하는 무위(無爲)라는 표현이야.

아마도 무위라는 말을 자네도 많이 들어 보았을 거야. 무위 그것에 상반되는 개념은 유위일 거야. 무위를 단순히 글자로 나누어 보면, 없음, 그리고 행함으로 볼 수 있어. '행하지 않는다'는 의미라기보다는 행하는데, '~~없이 행한다'라고 보는 것이 타당해. 왜냐하면 반대 개넘인 유위가 있기 때문이야. 유위를 나누어 본다면, 있음, 그리고 행함이야. '~~있이 행한다'라고 볼 수 있어. 그렇다면 '~~이' 말하는 것은 과연 무엇일까?

자네는 아마도 무위자연(無為自然)이라는 말을 들어 보았을 거야. 무위는 그렇다고 치고 자연은 무엇을 말하는 것일까. 앞에서도 설명했지만, 자연은 말 그대로 '스스로 그러하다'라는 말이야. '본래 그러하다'는 뜻이지. 앞의 무위는 자연이라는 말과 동일한 뜻으로도 볼 수 있어. 즉, '무위=자연'이야. '~~없이 행한다'='본래 그러하다'라고 보면 돼.

그렇다면 대체 무엇 없이 행한다는 걸까. 그것은 바로 '행위를 하는 주체가 없다'는 말이야. 다시 말하면 나라는 것이 없다는 거야. '스스로 그러한 것이지, 그것을 하는 주체가 없다'는 것이야. 불교에서 말하는 무아와 일맥상통하는 이야기라고 볼 수 있어.

그래서 노자가 말하는 무위(無為)는 사실 무아위(無我為)라고 보면 쉬워. 유위(有為)는 유아위(有我為)라 보면 돼.

간단하게 표현하면 아래와 같을 거야.

- 무위 = 무아위 = 에고 없이 행함 = 나 없이 행함
- 유위 = 유아위 = 에고 있이 행함 = 나 있이 행함

그렇기 때문에 노자가 도덕경 전반에 걸쳐서 도를 체득한 성인(깨달은 사람)에 대해 묘사할 때, '에고 없이 행하기 때문에 자랑하지 않는다.'라는 식의 표현을 한 거야. 행위를 하는 '행위자인 나'라는 것이 없으니, '나의 이익'도 없고, '나의 자부심' 등등도 당연히 없을 거야. 그렇기 때문에 살지만 소유하지 않을 수 있는 거야. 무욕이라는 것도 '욕망을 만들어 낼 나'가 없기 때문에 가능한 것이고, 그렇기에 노자는 도덕경에서 '무욕을 하고자 한다.'라는 표현을 쓴 거야. 이렇게 무위를 무아위로 풀어서 도덕경을 읽어 보면, 아리송한 부분이 쉽게 이해가 될 거야.

다시 본론으로 돌아와서, 무위는 결국 무아위고, 무아위는 쉽게 말해 '에고 없이 행한다'라고 이해하면 돼. 그리고 무아위로 사는 삶이 바로 자연스러운 삶이라 이해하면 되고, 그 이해를 바탕으로 노자의 명상법을 수행하여 에고 없음의 본질을 체득하는 것을 바로 노자는 앎이라고 말하고 있는 거야.

알겠어?"

수행

수행의 단계

현(玄)

노인이 말했다.

"내면 관찰을 위해 자연호흡을 지켜보는 수행을 하다 보면, 일종의
정차역에 도달하게 돼. 불교에서는 이러한 과정과 단계를 잘 구분해
서 설명하고 있는데, 노자가 도덕경에서 표현한 방식으로 이 단계에
대해 불교적 관점과 비교하여 이야기하도록 할게.

마음을 인중(人中) 혹은 코끝에 묶어 두면 자연스럽게 호흡의 감각을
느낄 수 있고, 그 호흡을 지속적으로 관찰하면 지속적인 마음의 알아
차림이 있어. 사람마다 차이가 있을 수 있지만 호흡에 대한 알아차림
이 지속되면 어느 순간 몸에 대한 느낌이 사라지고, 또한 갑자기 호흡
도 사라져 버려.

그때 명징한 알아차림만이 남게 되는데, 노자의 표현을 빌리면 이것이 바로 '현(玄)-고요함/침묵'의 단계야.

불교적으로는 삼매(三昧) 즉, 마음을 하나의 대상에 집중하는 정신력 훈련 과정을 거쳐 정(定)에 이르는 것을 이야기한다고 볼 수 있어. 선정(禪定)이라는 말을 들어 보았을 거야. 그렇게 이해하면 쉬울 거야.

불교에서는 1선, 2선, 3선, 4선의 사선정, 그리고 부처가 수행해서 증득하였다는 팔선정까지, 선정의 단계와 그 의미에 대한 해설이 많이 있어. 그러나 우리가 지금 알고자 하는 것은 노자의 명상법이기 때문에 그에 대한 이야기는 생략하도록 할게."

▌ 현덕(玄德)

노인이 말했다.

"고요함의 단계를 지나면, 노자는 그다음 단계를 현덕(玄德)이라는 말로 표현하고 있어. 현(玄)은 앞에서 고요함, 침묵의 의미가 있다고 했어. 그러니 덕(德)이라는 말의 의미만 잘 풀이하면 이해가 될 거야.

덕은 '쌓는다'라는 의미가 있어. 거듭거듭 마음을 잘 살피고 선한 의도를 쌓아가는 것을 의미해. 다시 말하면, 현덕은 고요함이 계속적으로 거듭거듭 지속되는 것, 지속적인 알아차림이 있는 단계를 말해.

현(玄), 고요함의 단계에 이르면,
보통 사람들은 갑작스러운 호흡의 끊어짐,
아주 명료한 그 침묵의 공간이 무섭기도 하고,
혹은 화들짝 놀라기도 하고,
어떤 마음의 요동침을 일으키게 돼.

그래서 우연히 그 단계에 들어가는 행운을 누리더라도 그 단계를 유지하지는 못하는 거야. 그렇기에 수행이라는 것은 방법과 실제 연습이 정확해야 하고 꾸준해야 하는 것이겠지.

현덕의 단계를 지나면 현동(玄同)의 단계를 맞이하게 돼. 현동은 글자 그대로 '고요함과 같아짐', '침묵과 같아짐'의 의미라고 볼 수 있어. 고요함 그 자체를 말한다고 보면 돼.

현동(玄同), 그것이 바로 마음의 본래면목이야."

▌ 현동(玄同)

노인이 잠시 기억을 더듬는 듯하다가 다시 말하기 시작했다.

"도덕경 56장의 내용을 노자의 명상법과 관련하여 읽어 보면, 현동의 의미에 대해 더욱 깊이 있게 이해할 수 있어.

* 아는 사람은 말하지 않고, 말하는 사람은 알지 못해(知者不言, 言者不知).

노자는 우리에게 이 이야기를 하는 것을 겸손하게 표현하고자 해. 왜냐하면 언어로 전달하면 오해의 소지가 많은 것이기 때문이야. 그래서 언어로 잘 표현될지 모르겠지만 해보겠다는 의미로 이해하면 좋을 거야.

* 구멍(오감)을 막고, 그 문을 닫아걸어(塞其兌, 閉其門).

여기서 구멍, 그리고 문을 여닫는 것은 다섯 가지 감각에 대한 것으로 이해하는 것이 좋을 거야.

수행이 지속되면, 이후에는 수규(守竅)라고 하여 후대에 정리된 수행 방법이 있는데, 간략하게 설명하면 수규(守竅)는 명상을 통해 근원에너지인 기(氣)가 일어나는 몇몇 부위를 머물며 지키는 것을 이야기해. 이 내용에 대한 것은 자네가 그저 듣고 잊어버려도 좋아. 그러나 만약 자네가 이후에 이 내용을 어떤 체험에 의해 기억하게 된다면 아마도 스스로 찾아서 공부하게 될 거야.

다시 본론으로 돌아와서, 구멍을 막는다는 것은 일부러 오감을 막는다는 이야기가 아니고, 자연호흡을 그대로 두고 인중에 의식을 집중하다 보면 오감이 사라지면서 마치 몸이 사라지는 듯한 경험을 하게 된다는 거야. 그 경험을 '구멍(오감)이 막히고, 문을 닫는 것처럼'이라고 표현한 거야.

* 그 날카로움을 꺾고, 그 엉클어진 것을 풀어(挫其銳, 解其紛).

이것도 수행의 과정에서 일어나는 경험을 묘사한 거야. 수행 중에 신체감각으로 불쾌함, 유쾌함 등으로 인해 갈망 혹은 혐오, 또는 알 수 없는 감각 등이 일어나는데, 그저 그대로 두고 평정심을 유지하며 관찰만 하는 거야. 그러다 보면 그러한 예리한 느낌들이 스스로 잦아들고, 마치 매듭들이 풀리는 것처럼, 엉켜 있는 것들이 풀리게 돼. 그렇게 부드럽게 몸과 마음이 풀리게 되는 것인데, 노자가 말하는 것은 마찬가지로 자연스럽게 그렇게 된다는 것이지, 억지로 '날카로움을 꺾어라, 마음의 매듭을 풀어라'라고 강요하는 말은 아니야.

* 그 빛과 서로 응하며, 그 티끌과 함께해(和其光, 同其塵).

그렇게 수행이 진행되다 보면, 불교에서는 니밋따(Nimitta)라고 일컫는 표상, 즉 빛이 드러나기 시작해. 그렇다고 그 빛이 어떤 의미가 있는 것은 아니야. 마음이 고요해지면 본래 마음이 빛으로 빛나는 것처럼 보이는데, 이러한 것도 그저 마음이 만들어 낸 현상일 뿐인 거야. 별로 중요한 건 아니야. 그저 하나의 과정일 뿐이니 그 빛을 그대로 수용하고 받아들여서 조화를 이루면 돼.

그렇게 일어나고 사라지는 마음은 마치 티끌처럼 점점으로 존재하는데, 그것과 하나가 되는 거야. 이게 무슨 말이냐면 감각도 깜빡깜빡거리는데, 마음 역시도 깜빡깜빡거린다는 거야.

수행이 깊어지면 마치 물의 거대한 흐름처럼 느껴지던 것들이 한 방울 한 방울의 물처럼 느껴진다는 거야. 고양이 화장실 모래를 갑자기 화장실에 쏟으면 마치 폭포처럼 연결되는 것처럼 보이지만, 실상은 알갱이 한 개, 한 개가 낱낱으로 있다는 말이야. 본래 우리의 몸도 미묘한 차원에서 보면 계속 생멸하고 있고, 마음 역시도 미묘한 차원에서 보면 그저 생멸하고 있을 뿐이라는 것을 그대로 경험하게 된다는 말이야.

이 내용에서 '경험한다'는 말로 표현하면 오해할 수 있겠는데, 굳이 말로 표현한다면, 아마도 '그 자체가 된다'라고 하는 것이 실상에 좀 더 가까울 거야.

＊ **이것을 현동**(내면의 고요함과 같아짐)**이라 한다**(是謂玄同).

이러한 것을 현동(玄同), 즉 고요함, 침묵 그 자체, 마음의 본성이라고 해. 그렇게 '마음의 본성 그 자체가 됨'이라 해.

알겠어?"

수행의 태도

▌ 현빈(玄牝), 현람(玄覽)

노인이 말했다.

"명상수행은 마음을 본래의 상태로 회복하는 과정, 그 노력이라고 할 수 있어. 물론 말로 표현하면 그렇다는 것이고, 실상은 우리는 본디 본래 마음 그 자체로 존재하고 있어. 그저 그것을 잃어버렸으니 다시 되찾는 과정을 밟아가야 할 거야.

오늘은 수행의 태도에 대한 이야기를 할게. 노자는 도덕경에 몇 가지 수행의 태도에 대한 힌트를 남겨 두었어. 이제부터 하나하나씩 풀어서 이야기해 줄게.

첫 번째는 현빈(玄牝)이야.

현(玄)은 고요함을 뜻하는 것으로 이해하면 되고, 빈(牝)은 계곡이라는 뜻과 암컷이라는 뜻이 있어. 계곡은 산속에 있으면서 생명의 원천이 되는 곳으로 모든 동물과 식물의 어머니와 같은 역할을 하고 있다고 상상하면 그 의미가 더욱 선명할 거야. 그렇기 때문에 의미적으로 어머니, 여성성, 수용함, 받아들임의 뜻을 포함하고 있어.

도덕경 61장에 빈(牝)에 대한 용례가 더 나오는데,

* **암컷이 항상 고요함으로 수컷을 이기는 것**(牝常以靜勝牡),

* **고요함으로 아래**(수용, 받아들임, 놓아 버림)**가 되어서야**(以靜爲下).

이렇게 빈(牝)은 수용성, 받아들임, 놓아 버림의 여성적인 정(靜)의 의미로 비유적으로 사용되었다고 보는 것이 타당할 거야. 그래서 수행의 태도의 관점에서 현빈(玄牝)은 '내려놓음, 수용성, 놓아 버림, 내어 맡김'의 의미로 받아들이면 돼.

두 번째는 현람(玄覽)이야.

현람은 '사물의 진상을 꿰뚫어 앎'이라는 뜻이야. 람(覽)이라는 글자는 세숫대야에 비친 자신을 바라보는 모습을 그린 글자인 '볼 감(監)'자와 '볼 견(見)'자가 결합한 모습이야. 보다는 뜻의 '볼 감(監)'에 다시 보다는 뜻을 가진 견(見)을 더해서 만든 글자이니, 얼마나 자세히 보려고 하는 것인지를 추측할 수 있어. 그렇기에 현람이라는 말은 고요한 마음으로 내면의 실상을 꿰뚫어 아는 것을 뜻해. 마치 불교에서 말하는 위빠사나(vipassanā)라는 말과 의미적으로 비슷하다고 볼 수 있어.

현람의 태도 역시 아주 중요해. 우선은 마음이 고요한 상태에 이르러야 하고, 그 고요함을 가지고 내면을 자세히 살펴야 하는 거야. 자세히 살핀다는 것은 '내면의 실상을 있는 그대로 수용하며, 그 자체를 있는 그대로 본다'라고 이해하면 좋을 거야."

▎ 조복(早服)

노인은 잠시 호흡을 가다듬고 다시 이야기했다.

"세 번째는 조복(早服)이야.

도덕경 59장에 조복에 대한 설명이 나와.

* **사람을 돕고 하늘을 일삼음, (그것을 행함에) '아낌'만 한 것은 없어**(治人事天 , 莫如嗇).

사람을 돕고 하늘, 자연의 이치에 따라 살아가는 것. 그것에 아낌, 소중히 여김만 한 것은 없을 거야.

* 무릇 오직 아낄 뿐이니, 이것을 일컬어 조복(일찍 수용함-받아들임)**이 라 한다**(夫惟嗇 , 是謂早服).

무릇 오직 아낄 뿐인데, 이것을 일컬어 조(早) '빨리, 서둘러, 급히, 일찍', 복(服) '복종하다, 굽히다, 제 것으로 하다'라고 해. 즉, 조복이라 는 말은 아주 빨리 수용하고, 복종하는 태도를 이야기해.

수행을 해 나아감에 있어 우리는 무수히 다양한 감각을 만나게 돼. 그런데 그 감각적인 현상에는 아주 기이하고 말로는 형용할 수 없는 것들이 많아. 수행을 경험한 사람이라면 무슨 말인지 이해할 수 있을 것인데, 예를 들어 엄청난 희열도 있고, 빛도 있고, 소용돌이도 있고, 환상도 있고, 찌릿찌릿도 있고, 울렁울렁, 불에 타는 느낌, 얼음 같은 차가운 느낌들이 있어. 진실로 언어로 설명하기에는 너무 어려운 감 각적 현상들이 무수히 많이 생겨나고 사라져. 이때 가장 중요한 수행 의 태도는 어떤 감각적 현상이 일어나더라도, 빠르게 그 자체를 그대 로 받아들이고 항복하는 거야. 그 현상에 혐오를 일으키거나, 혹은 갈 망을 일으켜 집착하게 되면, 수행이라고 할 수 없을 거야.

그래서 노자는 진정으로 자연의 이치에 따르는 삶이라는 것은 '아 낌'의 태도만 한 것이 없다는 것이고, 그것을 말로 표현하면 '즉시 수 용함, 있는 그대로 받아들임, 내어 맡김'이라는 거야.

* 저항하지 않고 일어나는 모든 일과 생각, 상황에 대하여 수용하고 받아들이는 것, 있는 그대로의 것에 보태지 않고 그대로 수용하고

알아차리는 것. 그리고 그 의도를 거듭 내어 내면에 차곡차곡 쌓는다는 것(早服謂之重積德).

이러한 태도가 계속 중첩되는 것을 일컬어 '덕을 쌓는다'고 말하는 거야.

즉, 노자가 말하는 명상법에서 중요한 수행의 태도가 조복(早服)이라는 것이고, 수행 중 거듭거듭 조복하는 것이 바로 진정한 명상을 쌓아가는 것이라는 말이야.

지금까지 노자가 말하는 수행의 세 가지 태도 현빈, 현람, 조복에 대해 알아보았어. 이 세 가지 태도를 간단하게 한마디로 표현하면, '내면의 실상을 자세히 관찰하면서, 있는 그대로 알아차리며, 갈망과 혐오로 반응하지 않고, 마음의 평정을 유지하는 것'이라 할 수 있을 거야.

알겠어?"

수행의 목적

▍자연스럽게 살기 위해서야(道法自然)

노인이 말했다.

"앞에서 말한 것처럼, 명상을 수행하는 이유는 다름이 아니라 그저
자연스럽게 살기 위해서야.

노자는 도덕경에서 도(道)라는 이상향, 목적지, 목표를 제시하고, 그
것을 이루는 방법으로 덕(德)이라는 내면의 관찰, 명상을 제시하고 있
다고 일전에 이야기한 적이 있을 거야. 그래서 오늘은 노자가 말하는
도(道)에 대한 이야기를 하려고 해. 우선 확실한 것 하나는 노자가 도
(道)는 언어로 설명할 수 없는 것인데, 어쩔 수 없이 자신이 도(道)라는
이름을 붙였다는 거야. 또한 노자는 겸손하게 '자신도 잘 모른다.'라고
이야기하고 있어.

도덕경 25장을 보면,

* **난 그 이름을 알지 못한다.** (그래서)억지로 글자를 만들어 그것을 '도'라고 하였다(吾不知其名, 强字之曰道, 强爲之名曰大). 라는 문장이 있어.

또한 '도(道)'가 어떻게 시작되었는지도 알 수 없다고 하는데, 도덕경 4장에,

* **난 모른다. 도가 누구의 자식인지,** (아마도)**최초의 모양이 있다면 그것의 조상 격일 거야**(吾不知誰之子, 象帝之先).

상(象)이라는 글자는 형태, 혹은 모양이라는 의미가 있고, 제(帝)는 임금, 하느님이라는 의미가 있어. 그래서 상제지선(象帝之先)은 모양의 조상 격이라는 의미가 되고, 이것은 빅뱅을 통해 우주의 최초의 형상이 나타난 것보다 앞서 있다는 비유적인 표현으로 볼 수 있어. '도는 누가 만들어 낸 것인지 모르겠는데, 아마도 어떤 최초의 형상, 모양보다도 앞서 나타났을 것이다.' 정도의 의미로 이해하면 좋을 거야."

노인은 내가 잘 이해했는지 살피는 것 같았다. 내가 고개를 끄덕이자 다시 말하기 시작했다.

"데이비드 호킨스 박사는 자신의 저서 《의식 수준을 넘어서》에서 '나타나지 않은 것으로부터 나타난 것을 향해 의식 에너지 자체가 물

질과 상호작용했으며, 신성의 한 표현으로서 그러한 상호작용을 통해 생명이 일어났다.'라고 했어. 호킨스 박사의 표현과 노자가 도(道)를 표현하는 방식이 일맥상통하고 있음을 알 수 있어.

그렇다면 좀 더 이해하기 쉽게 도(道)에 대해 설명한 것은 없을까. 다행히도 노자는 도덕경에 또 다른 힌트를 남겨 두었어. 그것이 바로 도덕경 25장의 마지막 구절인 도법자연(道法自然)이야.

도법자연(道法自然)은 '도(道)는 자연(自然)을 법(法)으로 여긴다'라는 말이야. 법으로 여긴다는 말은 무엇일까. 법(法)이라는 글자는 회의문자로, '물이 높은 곳에서 낮은 곳으로 흐르는 규칙이 있다'는 뜻이야. 그래서 '도는 자연을 본받는다'라고 해석할 수 있어. 그렇다면 자연은 또 무슨 말일까. 앞에서도 설명했지만, 자연(自然)은 '스스로 그러하다'라는 의미야. 스스로 그렇다는 것은 '본래 그러한 것', '당연한 것'을 의미해. 즉, 자연이라는 말은 애초에 그러한 당연한 것을 말하는 거야.

정리하면 도라는 것은 애초에 그러한 당연한 것을 법칙, 규칙으로 여긴다는 말이고, 그래서 도는 말 그대로 '당연한 것'을 의미해.

자연이라는 말이 그래서 노자의 도덕경 전체에서 가장 중요한 단어라고 할 수 있어.

불교에서는 산스크리트어로 '다르마(dharma)'라고 하고, 한역으로는

법(法)인데,

　부처가 다르마라고 한 의미는 자연의 법칙을 의미한다고 볼 수 있을 거야. 물론 부처가 말한 다르마와 노자가 이야기한 자연이 완전히 똑같은 개념이라고는 볼 수 없어. 이 부분은 우리가 말하고자 하는 주제와 벗어난 이야기니 이 정도로만 하고 넘어갈게.

　다시 돌아와서 노자는 우리가 자연스러움을 잃었다고 말해. 다른 표현으로 '도를 잃었다'라고 하기도 해.

　도(道)는 글자 그대로 풀이하면, 길이야. 이 길은 어디서 시작하는지, 어디에서 끝나는지도 알 수 없는 길이야. 그 길을 가는 방법은 그저 자연스럽게 갈 수밖에 없을 것이고, 만약 도착이라는 것을 할 수 있다면, 아마도 그대로 또한 길일 거야."

　내가 말했다.

　"아! 또 이런 이해할 수 없는 말을 하기 시작하셨군요. 그래서 수행의 목적이 대체 뭔데요?"

　노인이 말했다.

　"허허허. 내면을 관찰하는 목적, 우리가 수행을 하는 목적은 이미 이야기했어. 아주 단순해. 다시 동심으로 돌아간 아이처럼 자연스럽게 살기 위해서야. 또한 일상의 삶을 살아감에 어떠한 상황을 만나더라도 마음이 평온하고, 스스로 안전하다고 느끼며 살기 위해서야.

알겠어?"

수행의 기초

자라는 것은 보태고, 남는 것은 덜어주는

노인이 말했다.

"오늘은 수행의 기초에 대해 이야기할 거야.

명상이라는 말은 모호하다고 앞에서 이야기했어. 명상(冥想)이라는 말이 '어두움, 그 안에서 생각함'이라는 뜻으로 오해하기 쉬워. 마치 명상이라는 것이 그저 멍하게 앉아 있는 것이라 생각할 수 있다는 말이야.

그러나 스스로 명상을 해보면, 명상이라는 행위 자체가 엄청난 에너지를 움직이게 하는 매우 다이내믹(Dynamic)한 활동이라는 것을 경험으로 알 수 있게 돼.

예를 들어 대만의 국사(國師)라 존경받고, 지금은 고인이 된 남회근 선생은 '수행을 제대로 하는 사람치고 뚱뚱한 사람은 없다'고 이야기했어. 물론 남회근 선생 본인도 몸이 몹시 말랐던 것을 인터넷 자료와 사진 등을 통해 알 수 있어.

노자의 명상법인 자연호흡을 관찰하다 보면, 신체적으로 배꼽 부위 주변에서 일종의 열감이 발생해. 어떤 사람들은 단전(丹田)에서 불이 난다고 표현하기도 해. 단전에서 생겨난 불로 온몸이 따뜻함을 느끼게 되고, 그 기운은 마치 '회음(會陰)-사람 사타구니의 음부와 항문과의 사이'으로 내려가는 듯하다가 회음에서 상승하기 시작하고, 상승한 기운은 정수리에서 나선형으로 회전해. 실제로는 회음부터 백회(百會)까지 하나의 기둥처럼 연결되는 것으로 느껴진다고 보면 돼. 그리고 백회에서 회전하는 기운은 일종의 차가운 물을 만들어 내고, 그 차가운 물의 기운은 다시 아래로 흘러내려.

이런 식으로 기운이 순환하는데, 실제로 기를 느끼는 사람들에게는 아주 명확한 이야기일 것이고, 기를 경험해 보지 못한 사람들에게는 받아들이기 어려운 이야기일 수도 있어. 기에 대한 경험이 있고 없고를 떠나서 우리는 이렇게 간단하게 수행을 통해 일어나는 일련 과정의 묘사만으로도 수행이라는 것이 얼마나 많은 에너지를 움직이게 하는 것인지를 간접적으로 이해할 수 있을 거야.

어쨌든 기운은 순환하면서 소위 '넘치는 것은 덜어내고, 모자라는 것은 채워주는 자연(自然)의 작용'을 발생시켜."

활을 쏘는 비유

노인이 말했다.

"노자는 도덕경 77장에,

* **하늘의 도**(자연의 법칙), **그것을 비유하자면 활을 당겨서 쏘는 것과 같아!**(天之道 , 其猶張弓乎 !)

노자는 자연의 법칙을 활을 당겨 쏘는 것으로 비유했어.

* (활을 너무)**높이 들었다면 활 그것을 숙여서 낮추어야 하고,** (너무) **낮게 들었다면 활 그것을 들어 올려서** (과녁에 맞혀야)**할 거야**(高者抑 之 , 下者擧之 ;).

만약 활을 너무 높이 들었다면 좀 낮추고, 너무 낮게 들었다면 좀 높이는 식으로 조정하는 것이 당연하다는 비유로 보면 돼.

* (그런 것처럼)**남음이 있으면 그것을 덜어내고, 부족함이 있다면 그것을 보태야 할 거야**(有餘者損之 , 不足者補之。).

* **자연의 법칙은, 남음이 있는 쪽에서 덜어서, 그래서 부족한 쪽을 보충해 줘**(天之道 , 損有餘而補不足。).

* 사람, 그것의 도는 곧 그렇지 않은데, 부족한 곳에서 덜어내어, 남음이 있는 쪽에 바치기 때문이야(人之道則不然 , 損不足以奉有餘。).

본래 자연의 법칙은 여유가 있는 곳에서 부족한 쪽으로 보태주는 것에 비해, 사람들은 자연의 법칙을 거스르고, 오히려 가난한 사람에게 빼앗아 부자인 사람에게 가져다 바치는 것 같은 행위를 하며 살아가고 있다는 것을 노자는 지적하고 있어.

노자의 명상법은 자연의 법칙을 따르는 수행법이야. 수행을 통해 자연스럽게 기가 작용하여, 부족한 곳은 채우고, 넘치는 곳은 덜어지는 거야. 그와 더불어 이 과정에서 수행자 본인에게 신체적으로 불필요한 지방이 많이 붙어 있던 상태라면, 지방이 제거될 것이니, 살이 빠질 수도 있다는 거야.

그렇다고 자네가 다이어트를 목적으로 명상을 해서는 그 목적을 이룰 수는 없을 거야.

허허허."

❙ 선(善), 열린 마음

내가 퉁명스럽게 물었다.

"그래서, 오늘 해주실 이야기가 대체 뭔가요? 수행의 기초에 대한 이야기 아닌가요?"

노인이 말했다.

"그래. 자네 말이 맞아.

자 그럼 본론으로 돌아가서, 수행의 기초, 더 근본적으로는 우리가 삶을 살아가는 태도에 대한 이야기를 할 거야. 만약 이것이 탄탄하지 않다면, 명상, 내면의 관찰, 진정한 삶을 살아가는 것은 어려운 일이 되어 버릴 거야."

노인이 잠시 침묵한 후 말했다.

"자네 생각에 '선하다'라는 말이 무슨 뜻이라고 생각해?"

내가 답했다.

"착하다는 뜻이죠. 뭐 다른 의미가 있을까요?"

노인이 미소 지으며 말했다.

"그래, 착하다는 뜻인데, 그렇다면 착하다는 것은 대체 어떤 의미일까. 이것에 대해 법구경에서는 이렇게 이야기했어.

* 惡行危身 愚以爲易 **악한 행동은 몸을 위험하게 하지만, 어리석기 때문에 하기 쉽고,**

* 善最安身 愚以爲難 **선한 행동은 몸을 편안하게 하지만, 어리석기 때문에 하기 어렵다.**

이 내용을 간단하게 부연하면 나쁜 마음으로 하는 모든 행위는 스스로의 몸을 해치게 되지만, 무지로 인해 쉽게 행하게 되고, 선한 마음으로 하는 모든 행위는 최고로 스스로를 아끼고 편안하게 하는 것이지만, 무지로 인해 그렇게 행동하기 어렵다는 거야.

우리는 법구경의 이 구절을 통해, 선함이 아주 귀중한 어떤 것이라는 것을 추측할 수 있어. 그렇지만 어떤 것이 선하다는 것인지는 알 수가 없어.

노자의 도덕경 79장에도 선하다는 것에 대한 분명한 표현이 있는데, 같이 한번 살펴보자고.

* **하늘의 도는 친함이 없어**(天道無親).

이 말은 자연의 법칙은 누구에게나 동일하게 적용된다는 것이야. 그럼에도 불구하고 다음 문장은 마치 모순되는 말처럼 느껴져.

* (그러나)**항상 착한 사람과 함께해**(常與善人).

착한 사람이라는 것은 선한 파장을 내뿜고 있다는 의미로 볼 수 있어. 그렇기 때문에 노자는 '도는 누구도 편애하지 않고, 누구라도 친하게 여기지 않으며, 그저 자연의 법칙과 같이 운영되고 있을 뿐임에도 선한 의도의 파장을 지닌 사람과 함께한다'라고 한 거야. 이 말은 곧, '선한 의도가 자연의 법칙에 부합한다'라는 것을 의미해.

다시 말해, 자연의 법칙에 맞는 삶의 태도는 바로 선한 의도에서 출발한 행동을 하는 것이라고 볼 수 있어.

그럼 대체 선(善)이라는 말은 어떤 의미일까. 글자의 어원을 통해 살펴보면 갑골문에, 선(善)은 위에는 양(羊)이고, 밑에 글자는 눈(目)으로 되어 있어. 즉, '양 같은 눈빛'을 이야기해. 양의 눈을 한번 상상해 봐.

우리말로 사슴 같은 눈망울이라는 표현이 있는데, 그 비유가 바로 선(善)이라는 글자를 가장 잘 표현한 말이라는 생각이 들어. '눈은 마음의 창이다.'라는 말이 있듯이 우리는 갓난아기의 눈, 손주가 뛰노는 것을 흐뭇하게 바라보는 할머니의 눈, 아이가 밥을 먹는 것을 지켜보는 어머니의 따뜻한 눈빛, 사랑에 빠진 한 남자가 여인을 바라보는 그 눈빛 등을 통해, '선하다', '착하다'라는 의미를 직관적으로 분명하게

더 웨이

알 수 있어.

그것은 근원적이고 자연스러운 우리가 본래 가지고 있는 그 무엇일 거야. 그것을 선(善)이라고 이해하면 좋을 거야. 그리고 그 바탕으로 일어난 의도, 그 의도를 통해 생겨나는 행위들의 지속적인 쌓아감이 바로 노자가 말하는 수행의 기초라고 이해하면 돼.

더불어 자네의 이해를 돕기 위해 한 가지 더 이야기를 해줄게. 그렇다면 '악(惡)하다'는 것은 무슨 뜻일까. 악(惡)은 '버금 아(亞)'자와 '마음 심(心)'자가 결합한 글자인데, 아(亞)라는 글자는 '사방이 꽉 막힌 성채, 사면이 요새처럼 지어진 집'을 그린 글자야. 그래서 마음을 뜻하는 심(心)과 결합하여, '꽉 막힌 마음'을 의미해. 요즘 말로 닫힌 마음이라고 할 수 있어. 쉽게 말해서, 악하다는 것은 마음이 닫혀 있다는 거야. 선(善)은 그와 반대로 마음이 열려 있다는 것으로 생각해도 좋을 거야.

노자의 표현을 빌려서 다시 말해 본다면, 열린 마음, 그것이 자연스러운 본래의 마음 상태라고도 할 수 있을 거야.

알겠어?"

계율

노인이 말했다.

"앞에서 선하다는 것은 비유하면 사슴 같은 눈빛으로 이해하면 되고, 열린 마음이라고 이야기했어. 그리고 악하다는 것은 닫힌 마음이라고 했어. 결국 악한 행동이라는 것은 닫힌 마음으로 하는 모든 행동이라고 할 수 있고, 선한 행동이라는 것은 열린 마음으로 행하는 모든 행동이라고 볼 수 있을 거야.

노자의 명상법을 수행함에 있어서, 가장 기초가 되는 것이 바로 열린 마음으로 수행을 해야 한다는 것이야.

불교 수행에 대해 공부하다 보면, 계율을 지키는 중요성을 강조하고 있다는 것을 알 수 있어. 계율은 '불교에 귀의한 사람이 몸과 입과 뜻에 의해 일어날 수 있는 일체의 악을 방지하기 위해 지켜야 할 행위의 규범'을 뜻해.

물론 재가 수행자와 출가 수행자의 계율은 차이가 있어. 그러나 근본적으로 계율은 '선한 행동을 하고 악한 행동을 하지 않는다'의 범위를 벗어나지는 않아.

우리가 명상을 하기에 앞서 근본적인 기초가 되는 것이 바로 선을 행하고, 악을 행하지 않는 것이야.

평상시의 삶 속에서 항상 나쁜 말, 나쁜 생각, 더불어 나쁜 행동만 하면서 살고 있다고 해보자고. 그렇다면 내면에서 마치 큰 파도가 일렁거리는 것처럼 마음이 잠시도 가만히 있을 수가 없을 거야. 그런 상태에서 명상을 하기 위해 앉았다고 상상을 해봐. 이미 마음이 안정되어 있지 않으니, 몸 역시 잠시도 가만히 있을 수가 없을 것이고, 당연히 내면을 관찰하는 것은 불가능할 수밖에 없을 거야.

그와 반대로 선한 말, 선한 생각, 더불어 선한 행동을 하면서 삶을 살아가는 사람은, 마치 노자의 표현에 의하면 자연의 법칙에 맞게, 하늘의 도에 맞게 살고 있는 거야. 이러한 사람은 마음이 많이 안정된 상태에 있기 때문에, 내면의 관찰을 위해 자리에 앉으면, 마음의 동요를 크게 느끼지 않고, 깊은 침묵과 쉽게 하나가 될 수 있을 거야.

그렇기 때문에 선한 말, 선한 생각, 더불어 선하게 행동하는 것은 수행의 기초로 반드시 중요하게 여겨야 할 거야."

노인이 잠시 동안 침묵한 후 말했다.

"앞서 이야기한 선을 행하고, 악을 행하지 않는 것의 중요성에 대해 다시 한번 보충하여 이야기를 해볼게.

예를 들어 성경의 누가복음에 '뿌린 대로 거두리라.'라는 말이 있어. 스스로 선함의 씨앗을 뿌리는 사람은 선한 열매를 얻을 것이고, 스스로 악함의 열매를 뿌리는 사람은 악한 열매를 얻을 것이라는 거야. 이 말은 다시 말해 내가 뿌린 그것을 내가 바로 얻을 것이라는 말이야.

또한, 노자도 도덕경 마지막 81장에 위와 같은 맥락으로 우리에게 이야기했어.

그 구절을 한번 읽어 보면,

* **이미 다른 사람을 위하기 때문에, 자기 자신은 더욱 여유롭게 되고**(既以為人己愈有),

* **이미 다른 사람에게 주기 때문에, 자기 자신은 더욱 많아지게 되는 거야**(既以與人己愈多).

라고 했어.

이 말은 앞서 성경의 누가복음에서 말한 '뿌린 대로 거두리라'의 의미로 이해해도 무리가 없을 거야.

대략 10여 년 전에 론다 번의 《시크릿》이라는 책이 한동안 유행한 적이 있어. 《시크릿》은 끌어당김의 법칙이라는 개념을 책 전반에 걸쳐서 이야기하는 책인데, 간단하게 말하면 뿌린 대로 거둔다는 의미야. 좀 더 구체적으로 이야기하면, 자신이 내뿜는 파장이 풍요로움, 사랑, 부 등 긍정적인 에너지라면, 그 결과물로 풍요로움, 사랑, 부 등을 얻게 될 것이라는 원리로 자신이 내뿜는 바로 그것을 끌어당겨 온다는 것이라 이야기해. 그렇기 때문에 론다 번은 스스로 돈이 부족한 상황에 처하게 되자, 은행에서 돈을 찾아서 길거리에 지나가는 행인들에게 돈을 나누어 주는 행위를 해. 그리고 그 결과로 더 풍족한 자금을 끌어당긴 경험을 예를 들어서 이야기했어.

노자도 81장의 내용을 통해 같은 이야기를 우리에게 전달하려 하고 있어. 선한 의도와 열린 마음으로 하는 모든 행동은 마치 농부가 씨앗을 뿌리는 것과 같고, 그 씨앗은 우리에게 그대로 돌아오게 되는 거야. 그렇기 때문에 타인을 위하는 사람은 자기 자신을 위하는 것과 마찬가지이고, 타인에게 주는 것은 바로 자기 자신에게 주는 것과 마찬가지라는 거야.

스스로 풍요의 씨앗을 뿌리면, 그 결과로 풍요의 과실을 얻게 될 것이니까 말이야.

그래서 노자의 명상법을 수행함에 우리는 반드시 열린 마음을 가장 중요한 기초로 삼아야 한다는 거야. 이 점을 꼭 명심해야 해.

알겠어?"

수행의 자세

결가부좌, 반가부좌, 평좌

노인이 말했다.

"오늘은 수행 자세에 대해 이야기할 거야. 일반적으로 수행 자세를 이야기할 때, 결가부좌, 반가부좌, 평좌 등등 어떻게 앉는 것인지에 대한 이야기를 많이 해. 그런데 재미있게도 왜 그렇게 앉아야 하는 것인지에 대한 설명은 충분하지가 않아. 자네가 만약 명상을 하기 위해 명상센터 등에 명상을 배우러 간다면, 제일 처음 배우는 것이 아마도 자세일 거야.

명상의 자세에서 가장 중요한 사항 중 하나는 자세를 바꾸지 않고 안정적으로 신체를 유지할 수 있는 것이야. 명상은 마음 관찰이 목적이기 때문에 마음을 관찰하기 위해서는 신체의 움직임이 최소화되어야 할 거야. 왜냐하면 몸이 움직이는 순간 마음도 함께 움직이게 되기 때문이지. 자네 스스로 실제 수행을 해보면 명료하게 이해가 될 텐데, 결코 몸과 마음을 분리해서 수행을 할 수 없다는 것이 분명해질 거야.

그래서 명상은 신체가 안정적으로 편안하게 오랫동안 유지할 수 있는 자세가 중요한 거야. 또 한 가지 견해는, 요가적 관점에서의 자세에 대한 것이 있어. 요가적 관점의 명상수행 자세는 신체를 일종의 안테나라고 가정하고, 우주의 기운이 통하는 통로로서의 역할을 신체가 담당한다고 보는 거야. 그렇기 때문에 마치 공중에 떠다니는 라디오의 주파수 신호를 잡는 것처럼 신체를 미묘하게 조정하여 우주적 에너지 흐름의 파장에 맞추는 것을 이야기해. 또한 우주적 에너지를 통하게 하는 자세가 모두에게 같을 수는 없을 거야. 그래서 파탄잘리라는 인도의 성자가 여러 가지 자세를 주창했고, 그 자세들이 현재까지 기록으로 전달되고 있어.

요가에 대한 이야기는 지금 주제에서 벗어난 이야기이기 때문에 기회가 된다면 자네 스스로 찾아보고 공부해 보는 것도 좋을 거야.

앞서서 명상 자세의 기본 원칙은 몸을 움직이지 않고 오랫동안 안정적으로 있을 수 있는 자세라고 했어.

이때 가능하면 약 5~7cm 정도 되는 방석을 엉덩이 밑에 깔고 앉아. 그럼 허리가 자연스럽게 펴질 거야. 그러나 허리를 억지로 펴기 위해 과도하게 힘을 주지 않도록 주의해야 돼.

결가부좌, 반가부좌, 평좌 이 세 가지 자세 중 어떤 자세도 좋아. 자신이 편한 대로 앉으면 되고, 손은 펴서 편한 곳에 손바닥을 하늘을 향하게 두면 돼. '수인(手印)'이라고 해서 엄지와 검지를 고리처럼 만드는 것도 좋고, 왼손을 아래에 두고 오른손을 위에 두는 '수인'을 해도 좋아. 혹은 손은 허벅지에 자연스럽게 올려놓거나, 무릎에 가까이 올려놓아도 좋아. 물론 손바닥을 꼭 하늘을 향해 두어야 하는 것은 아니야. 손바닥으로 무릎을 살짝 덮고 있어도 돼.

어느 정도 명상이 익숙해지고, 약 40분 이상을 꾸준히 연속적으로 앉아 있을 수 있게 되면 결국 한 시간도 자세를 바꾸지 않고 편안하게 앉아 있을 수 있게 돼. 그럼 그 과정에서 자연스럽게 자세가 스스로 교정이 되는 것을 경험하게 될 거야. 어떤 사람들은 마치 내 안의 의사가 척추를 교정해 주는 것 같다고 표현하기도 했어. 그런 경험이 일어날 때 전혀 두려워할 필요는 없어. 일어나는 그대로 자연스럽게 두면 그뿐이야.

알겠어?"

더 웨이

자연스러운 자세

노인이 잠시 침묵 속에 있다 눈을 뜨고 천천히 말했다.

"자연스럽게 앉는다. 이렇게 말하면 아마 또 자네가 오해를 할 수 있을 것 같아서 부연하여 이야기를 할게. 일반적인 수행 관련 책들을 보면 수행의 자세를 설정하고 손의 위치와 심지어는 혀의 위치까지도 구체적으로 알려주고 있어.

그러나 왜 그렇게 앉는지, 그리고 혀의 위치는 왜 그렇게 해야 하는지에 대한 설명은 없어.

그저 전해 내려온 방식이니까 그렇게 전달하고 있는 뉘앙스를 받을 뿐이야.

우선 혀의 위치를 이야기할게. 앞서 이야기한 인중에 의식을 묶어두고 호흡을 한번 해봐. 10번 정도 숨을 쉴 동안 관찰을 해보도록 해."

내가 말했다.

"네. 했습니다."

노인이 물었다.

"혀의 위치가 어디에 있어?"

내가 답했다.

"네? 잠시만요. 음…. 입천장에 붙어 있는데요."

노인이 방긋 웃으며 말했다.

"그래, 정확하게는 위쪽 치아의 뒤편이고, 입천장에 혀끝이 자연스럽게 붙어 있어.
그렇지?"

내가 답했다.

"네, 자연스럽고 말랑말랑하게 혀가 입천장에 붙어 있어요."

노인이 말했다.

"그것이 바로 자연스러운 혀의 위치야. 그냥 자연호흡을 하면 혀의 위치는 자동으로 그곳에 있는 거야. 그렇게 해야 혀가 긴장되지 않고, 자연스럽게 위치를 잡게 돼.

만약 혀의 위치를 너무 강조해서 '혀를 입천장에 붙이세요.'라고 하면, 잔뜩 긴장해서 억지로 그렇게 하려고 하는 마음의 의도가 생겨나. 그렇게 하다 보면 혀가 너무 굳어지고, 마치 마비되는 것 같은 문제가 발생할 수 있어.

이해가 되지?"

내가 답했다.

"네. 그렇겠네요."

노인이 말했다.

"좋아. 혀의 위치는 이제 알았으니, 왜 수행을 앉아서 하는 것인지에 대한 이야기를 해볼게. 물론 앞에서도 이야기했지만, 서서 해도 되고, 누워서 해도 좋아. 그렇지만 연습이 일정한 정도에 다다르면, 기기(氣機)가 발동해. 기기가 발동한다는 말은 바로 기의 흐름을 느끼기 시작한다는 뜻이야.

기의 흐름을 가장 원활하게 안정적으로 자연스럽게 흐르게 하는 자세가 바로 앉아 있는 자세야. 물론 평좌도 그렇지만, 그럼에도 불구하고 가부좌가 가장 안정적인 자세가 될 거야.

기의 흐름이 발생하면서 기는 점점 강력한 에너지를 얻게 돼. 강력한 에너지는 마치 소용돌이치는 것처럼 마구 요동치는데, 이 요동이 신체적으로도 일어나는 단계를 마주하게 돼. 신체적으로 기기가 마구 요동치게 되면, 처음 경험하는 것에 대한 두려움이 생겨날 수 있어.

그저 일어나고 사라지고, 생멸을 계속 반복하고 있을 뿐이며 종국에는 기라는 것 자체가 사라지는 경험을 하게 될 거야. 그 과정이 얼마간 지속될지는 각자의 근기에 따라 달라져.

또한 수행자가 과거나 현재에 일으키고 있는 행업에 의해서도 그 과정이 길어지거나 짧아질 수 있는데, 불교에서는 이것을 상카라(sankhāra)라고 해. 상카라는 보통 형성으로 번역돼. 풀어서 설명하면 표면의식과 잠재의식 두 가지 차원에서 발생한 적이 있거나 혹은 앞으로 발생할 모든 조건에 대한 정신적·육체적인 반응으로 이해하면 좋아.

그러한 반응을 그저 수용하고 관찰할 수 있게 되면, 몸은 안정적이고 더불어 마음은 평정함을 그대로 유지하게 돼. 그러한 평정심이 지속적으로 유지되고 또 유지되는 과정에서 기의 요동침, 기기의 발동은 강해지고 강해지고, 넓어지고 넓어지고를 마치 무한처럼 반복하게 될 거야. 이때 몸의 진동과 움직임을 있는 그대로 수용하면서 안정적으로 앉을 수 있는 자세가 바로 가부좌, 결가부좌, 반가부좌라고 이해하면 돼."

노인이 다시 말했다.

"그렇게 가부좌 자세로 안정적으로 앉게 되어 실제로 에너지의 요동침을 겪는 과정에 대해 노자는 어떻게 우리에게 이야기했을까. 도덕경 6장에서 '끊임없이 계속 채워지지만 그것을 씀에 다함이 없어.'라는 표현을 했어.

도덕경 6장을 한번 살펴보자고.
 * **골짜기 신**(활짝 열린 마음)**은 죽지 않아, 이것을 현빈**(검은 골짜기, 검은

여성성)이라고 하자고(谷神不死, 是謂玄牝).

노자가 골짜기라고 표현하는 것은 수행의 태도라고 앞에서 이야기했어. 수용적인 태도로 외부적인 것 그리고 내부적인 것, 두 가지 모두 통제하려는 마음을 놓아 버리고 그저 받아들이라는 거야.

* **현빈의 문, 이것을 천지의 뿌리**(하늘과 땅의 뿌리)**라고 하자고. 즉, 현빈의 문에서 모든 것이 생겨난다는 말이야**(玄牝之門, 是謂天地之根).

그러한 완전한 수용, 놓아 버림을 통해 우리는 그 무엇과 마주하게 돼.

* **끊임없이 존재하는 것 같고, 힘들이지 않고 그것을 쓸 수 있어**(綿綿若存, 用之不勤).

마주하게 된 그것은 마치 끊임없이 존재하는 듯하며, 그것을 사용함에 혹은 그것을 이용함에 그것의 생명력 자체는 나라는 주체를 필요로 하지 않고 자연스럽게 사용된다는 의미야.

노자는 도덕경 6장을 통해 우리에게 자신의 경험을 비유하여 이야기하고 있는 거야. 결코 머리로 이해한 무엇을 전달하고 있는 것이 아니야.

알겠어?"

기

차크라(Chakra), 기경팔맥(奇经八脉), 임맥(任脈), 독맥(督脈), 소주천(小周天)

노인이 말했다.

"열심히 내면 관찰을 수행하면 일정한 단계를 거치게 된다고 일전에 이야기했어. 그러한 과정 속에서 한 가지 분명한 경험을 지속적으로 하게 되는데, 그것을 노자의 언어로 표현하면 바로 기(氣)라는 녀석이야.

노자는 도덕경 10장에서 '**기를 전일하게 하여 어린아이로 돌아간다.**'라는 표현을 했어. 그것은 '**부드러움의 극치에 도달하는 것**'이라는 표현도 했지(專氣致柔, 能嬰兒乎).

그렇다면 노자가 말하는 기라는 것이 대체 무엇일까. 사실 기를 경험하고 있는 사람들에게 기는 분명한 실체적 진실이기 때문에 믿을 필요가 없어. 내 말을 듣는 자네가 만약 기를 경험하고 있다면, 기가 있다는 것을 믿게 하기 위해 온갖 과학적·경험적 근거를 들어서 설명할 필요가 없다는 말이야. 그건 믿음의 문제가 아니야. 믿어야 하는 이유는 당연하지 않기 때문인데, 당연한 것을 뭐하러 믿으라고 강요하겠어. 자연스럽게 그저 있는 것을 말이야.

다시 본론으로 돌아와서, 우선 기라는 것이 무엇인지 이론적으로 알아보자고.

기는 현대적인 용어로 생체 에너지라고 표현하기도 해. 인도에서는 차크라 에너지체계를 말하고, 도가에서는 기경팔맥으로 기의 순환체계를 설명하고 있어. 우선 차크라 에너지체계에서 기는 '프라나 (Prana)'라고 명칭하며, 그것은 근원에너지를 뜻해. 차크라는 바퀴를 뜻하는데, 그 이유는 프라나(Prana)가 마치 바퀴처럼 회전하는 성질을 띠고 있기 때문이야.

차크라 체계에서 7개의 에너지 센터를 구분하는데, 그 명칭은 신체의 아래부터 시작해서, 물라다라(Muladhara), 스와디스타나(Swadhisthana), 마니푸라(Manipura), 아나하타(Anahata), 비슛다(Vishuddha), 아즈나(Ajna), 사하스라라(Sahasrara)라고 해.

간략하게 설명하고 넘어가면, '물라다라'는 척추의 꼬리뼈 부분을 이야기하고, '스와디스타나'는 천골(薦骨) 부분을 말해. '마니푸라'는 복강신경총을 이야기하는데, 태양신경총이라고 하기도 해. 복강신경총은 위장의 뒤에 위치하고, 복수의 내장에 공급되고 있는 얼마간의 신경을 가진 교감신경의 망상 조직을 뜻하는 말이야. 소위 배꼽 근처라고 하기도 해. '아나하타'는 심장 부근을 말하고, '비슷다'는 인후, 목 주변을 뜻해. '아즈나'는 눈썹과 눈썹 사이의 미간 부위를 말해. 제3의 눈이라고 부르기도 해. '사하스라라'는 머리 꼭대기인 정수리를 이야기해.

이와 대비해서 도가의 기경팔맥(奇经八脉)에 대해 이야기할게. 여기서 기(奇)는 일반적으로 쓰이는 '기이하다'라는 의미가 아니라 '의지하다'라는 의미야. 그래서 기경팔맥(奇经八脉)은 8개의 맥(脉), 줄기가 지나가며 의지하는 것을 말하는데, 팔맥(八脉)은, 독맥(督脈), 임맥(任脈), 충맥(衝脈), 대맥(帶脈), 음유맥(陰維脈), 양유맥(陽維脈), 음교맥(陰蹻脈), 양교맥(陽蹻脈)을 이야기해.

이 중에서 아마도 많이 들어 보았을 것이 독맥과 임맥일 거야. 독맥과 임맥을 이야기하면 떠오르는 것이 기공을 수련하는 사람들이 중시한다는 소주천(小周天)이야.

우선 독맥에 대해 간략하게 설명할게. 독맥의 독(督)은 '감독하다'라는 의미가 있어. 그래서 인체를 총감독한다는 의미를 지니고 있고, 소위 중추신경을 지나가는 맥(脈)이야. 독맥은 외적으로 미추골(尾椎骨), 즉 척추의 꼬리뼈를 시작으로 하여, 척추를 따라서 목을 지나고, 후두부를 지나서 백회를 통과한 후 미간을 따라서 돌아서 입천장을 따라 혀까지 도달하는 것을 이야기하고, 이곳에서부터 시작하여 자율신경계를 따라서 목 앞부분을 지나 가슴 중앙을 거치고 내려와서 배꼽을 지나서 회음부에 이르는 것을 임맥(任脉)이라고 이야기해.

　임맥의 임(任)은 '맡다, 책임지다'의 의미가 있어. 인체의 항상성을 유지하기 위해 책임을 맡고 있는 줄기가 되는 것이라는 의미야. 그래서 소주천이라는 말은 '독맥과 임맥을 따라서 순환한다'는 의미를 가지고 있어. 소주천(小周天)은 주(周)라는 말이 '돌다, 두루, 두르다'라는 의미를 지니고 있고, 직역하면, '작은 하늘을 도는 것, 그 순환'을 의미한다고 할 수 있어. 그래서 사람들이 말하는 소주천 수련이라는 것은 쉽게 말해서, 임맥과 독맥을 따라서 에너지를 순환시키려고 하는 것이라고 이해하면 돼."

기(炁)는
불이 없는 에너지

내가 말했다.

"너무 어려워요. 그래서 기(氣)가 대체 무엇이라는 말씀이신지?"

노인이 말했다.

"허허허. 그래. 기(氣)에 대한 이야기를 하도록 할게. 기라는 글자를 잘 살펴보면, 기(气)와 미(米)자로 이루어져 있어. 气는 구름이 흘러가는 모습을 그린 것인데, 물을 끓이면 발생하는 수증기를 그린 것이라고 생각하면 좋을 거야. 米는 쌀을 그린 것이야. 그래서 기(氣)는 신체 외부의 유형의 것을 입이나 코 등으로 흡수하여 발생하는 에너지를 의미한다고 할 수 있어. 쉽게 말해서 밥과 물, 공기 같은 것을 신체로 흡수하여 만들어 낸 에너지라고 이해하면 쉬울 거야.

그런데 이것은 후대에 만들어진 글자이고, 사실 기(氣)의 본래 글자는 기(炁)라고 해. 글자를 살펴보면 무(无)와 화(灬)로 이루어져 있고, 무(无)는 '없을 무'이고, 화(灬)는 '불 화'라고 보면 돼. 그럼 사실 기(炁)라는 글자의 의미는 '불이 없다', '불이 없는 에너지'라는 의미로 볼 수 있을 거야. 왜 기를 불이 없이 존재하는 에너지라고 표현했을까?

우선 기(氣)는 '공기', '호흡'과 상관이 없다는 것을 이해하면 좋을 거야. 자연호흡을 하게 되면 '단전(丹田)'에 지속적인 자극이 일어나게 되고, 지속적인 단전호흡은 일종의 '열'을 발생시켜. 고대 사람들은 이것을 정(精)이라고 했어. 그냥 열이라고 생각하면 좋을 거야. 혹은 불이라고 생각해도 돼. 이 불이 단전호흡을 통해서 조금씩 길러져서 일정한 단계에 도달하면, 호흡과는 상관없이 어떤 에너지가 일어나는데, 그 에너지는 중력과 상관없이 정수리의 방향으로 상승하게 돼. 수승화강(水昇火降)이라는 말이 있는데, 기공을 수련하는 사람들 혹은 한의학을 공부하는 사람들이 즐겨 쓰는 말이야. 무슨 말이냐면, 쉽게 말해 '물은 위로, 불은 아래로'라는 거야. 자연호흡을 수행하면, 자연스럽게 단전에 열이 발생하고, 그 열이 쌓여서 일정한 정도에 이르면 일종의 에너지가 발생하는데, 그 에너지는 중력과 상관없이 상승하게 돼. 그때 배꼽 주변, 배는 따뜻해지고, 머리, 정수리는 차가운 물이 흐르는 것 같은 감각적인 느낌이 생겨나. 정수리에서 차가운 물이 흘러서 마치 얼음물을 정수리에 부은 것처럼 흘러내리는데, 보통 뺨 정도까지 흐르는 것처럼 느낄 수 있어. 이때의 에너지가 바로 노자가 말하는 '기(氣)'라고 이해하면 좋을 거야.

태양의 빛에너지가 지구를 비추어 지구의 땅에서 그 에너지를 흡수
하여 열을 만들고, 그 열은 만물을 생장하게 해. 그 열이 일정한 정도
에 이르면 소용돌이처럼 하늘로 다시 올라가는 대류현상을 일으키고,
이후 하늘에서 구름을 형성하고 그 구름에서 비가 되어 다시 지구로
내리는 것은 우리가 너무나도 잘 알고 있는 사실이야. 이러한 현상이
바로 인체 내에서도 마찬가지 원리로 일어난다고 생각하면 쉽게 이해
가 될 거야."

충맥(衝脈)

노인이 말했다.

"그럼 앞에서 이야기한 노자가 도덕경 10장에서 이야기한 내용을 한번 살펴볼게.

* **오로지 기를 다스려 부드러움의 극치가 되어, 아기(처럼) 될 수 있을까?**(專氣致柔, 能嬰兒乎)

전(專)으로 쓰일 때는 '오로지, 전일하다'라는 뜻이 있고, 단(專)으로 읽으면 '모이다'라는 뜻이 있어. 그래서 기를, 마음과 힘을 오직 한곳에 모은 듯하고, 부드러움이 빼곡하게, 촘촘해지게 하여, 아기(영아)처럼 될 수 있는가? 라는 말인데, 이 내용이 무슨 말이냐면, 아까 이야기한 것처럼, 자연호흡을 하여 단전을 활성화시키면 일종의 열이 발생하고, 그 정(精)이 지속적으로 발생하면 그것은 일종의 에너지를 일으키는데, 기(氣)를 지속적으로 일으키다 보면, 거친 느낌에서 점차 부드러운 느낌으로 바뀌어 가고, 부드러운 느낌이 점점 빼곡하게 온몸에 퍼지면서 충만하게 된다는 거야. 그렇게 되면, 마치 갓난아기처럼 될 수 있을 거라는 말이야.

노자는 도덕경 전체에 '기(氣)'라는 글자를 딱 3번 썼는데, 도덕경 42장이 바로 두 번째로 노자가 기(氣)에 대해 언급한 장이야. 세 번째로 언급한 내용은 앞 장에서 이미 이야기를 했어.

'**만물부음이포양**(萬物負陰而抱陽), **총기이위화**(沖氣以為和)'라는 문장인데, 하나하나 풀어서 설명을 해줄게. 만물부음이포양(萬物負陰而抱陽)은 '만물은 음을 짊어지는 듯, 양을 껴안는 듯하고 있어'라는 말이야. 만물에 음과 양이 함께 있다는 이야기이고, 다음 문장이 중요한데, 총기이위화(沖氣以為和)는 '기가 솟구치면, 화(和)하게 된다'라는 말이야. 그런데 무엇이 화(和)하게 될까? 그것이 바로 앞에 문장에서 이야기한 '음과 양'이 화(和)하게 된다는 거야. 화(和)는 '합쳐진다'는 의미가 있어. 즉, '만물에 음양이 있는데, 인간의 인체에서도 기가 충만하여 솟구치게 되면 비로소 음과 양이 합쳐지게 된다'라는 거야.

수행의 관점에서 다시 한번 정리해서 이야기해 줄게. 자연호흡 수련을 하여 단전에 열을 발생시키고, 그 열은 기로 변하고, 기는 상승하는 소용돌이치는 에너지이고, 그것이 전일해지면 점차 부드러워지고, 그 부드러움은 점차 확장되어 충만해지는데, '그것이 바로 마치 갓난아기처럼 되는 것이고, 그것이 바로 음과 양이 합쳐지는 것이다'라는 말이야.

이때, 회음(會陰)과 백회(百會)가 바로 음과 양의 지점을 뜻해. 회음부는 글자 그대로 음이 모이는 곳을 의미하고, 인도에서는 이곳을 쿤달리니라고 명칭 하기도 해. 백회는 말 그대로 백 가지 혈이 모이는 곳을 의미해. 기경팔맥에서 아까 설명하지 않은 맥 중에 충맥(衝脈)이 있는데, 충맥은 글자 그대로 표현하면 '용솟음치는 줄기'라고 할 수 있어. 기가 마치 물 따위가 매우 세찬 기세로 위로 올라가는 것처럼 움직이기 때문에 그렇게 표현한 것이라고 생각하면 돼. 그렇다면 충맥(衝脈)은 어디서부터 시작해서 어디까지 흐른다는 것일까. 그것이 바로 회음부터 백회까지 일직선으로 마치 에너지 기둥처럼 용솟음친다고 보면 쉬울 거야.

그래서 도덕경 10장과 42장에서 노자가 '기(氣)'에 대해 이야기 한 부분은 이렇게 정리하도록 할게.

알겠어?"

기(氣)는
무엇인가?

노인이 말했다.

"앞서서 기에 대해 이론적으로, 그리고 실제 수행에서 어떻게 기(氣)가 발생하고 그것이 어떻게 변화하는지 대략적으로 이야기했어.

사실 기는 모든 사람들이 잉태된 그 순간부터 이미 존재하고 있어. 다만 현대인들은 여러 가지 육체적 정신적 이유로 기를 느끼지 못할 뿐이야. 소위 자연스러운 호흡을 지속적으로 하면, 기기(氣機)를 어느 순간부터 자연스럽게 느낄 수 있게 돼. 기기(氣機)는 참고로 '기의 틀'이라는 말이야.

만일 역으로 기를 일으키기 위해서 억지로 호흡을 마음대로 하려고 하면 문제에 봉착할 거야. 자연스럽지 않은 모든 행위는 바로 병(病)을 일으키는 근본이 돼.

차크라, 기경팔맥, 소주천 등등도 마찬가지야. '물라다라 차크라 수련을 할 거야'라거나, 소주천을 돌려 보겠다거나, 기경팔맥을 열겠다고 의도적으로 무엇을 하려는 것 자체가 문제를 일으킬 거라는 말이야.

고대에 인도에서 명상수행을 통해 일정 수준의 경지에 올라 보니, 차크라를 발견한 거야. 자연스럽게 호흡을 하고 마음을 평정하게 하여 내면을 관찰했더니 일종의 에너지를 발견했고, 그 에너지가 척추를 따라서 흐르고 있는데, 그 에너지가 마치 바퀴처럼 돌더라는 거야. 그래서 그것을 관찰하여 기록한 것이 차크라인 것이지. 차크라를 일으킬 목적으로 뭘 한 것이 아닌 거야.

기경팔맥이 통한다는 것도 마찬가지 맥락에서 보면 되고, 소주천도 마찬가지인데, 자연스럽게 호흡을 하며 마음을 평정하게 하고 관찰하다 보니 기기(氣機)가 발동했고, 기감(氣感)을 느끼기 시작했어. 그러다가 자세히 살펴보니 몸의 뒤쪽으로는 마치 척추를 따라서 기가 올라가고, 앞으로는 임맥을 따라서 기가 움직이는 것을 알아차린 거야. 그래서 그것을 그림으로 혹은 글로 기록해 둔 것인데, 아마도 기를 느끼는 사람은 바로 이해하겠지만, 정확하게 소주천 경로를 따라서 기가 움직이는 것이 아니야. 그저 그런 것 같은 거지.

굳이 기가 어떻게 움직이는지 설명하라고 한다면 이렇게 말해야 할 거야. 위로 움직이고 아래로 움직이며, 시계방향으로 또한 시계 반대 방향으로 돌기도 하며 그것이 동시에 일어난다고 말이야. 처음에는 거칠다가 점점 미세해지는 것 같다고 말이야.

그리고 우리가 어린 시절 기가 충만했을 때 경험한 것처럼, 기가 충만하면 도리어 기감은 느끼지도 못해. 왜냐하면 몸이 마치 사라진 것처럼 느끼기 때문이야.

그것을 장자는 '신발이 발에 맞으면, 발을 잊는다.'라고 표현했고, 노자도 '마치 갓난아기처럼 될 수 있을까?, 음양을 합칠 수 있을까?' 등등의 표현을 한 거야. 이러한 것들은 그저 비유를 통해 설명할 수밖에 없어. 사실 우리는 어린 시절에 이미 다 느낀 적이 있어. 그런데 어린 시절에는 기가 충만하기 때문에 오히려 그것을 느낀 적이 없다고도 할 수 있을 거야.

신체에 있어서 부자연스러움에서 자연스러움으로 가는 방법이 바로 자연호흡이라면, 정신에 있어서 부자연스러움에서 자연스러움으로 가는 방법은 바로 동심(童心)이라고 할 수 있을 거야. 혹은 순수한 마음, 청정한 마음이라고도 할 수 있겠지. 그래서 노자도 부처도 예수도 이야기하는 것이 바로 '사랑, 자비, 용서, 정직 등' 마음의 본래 상태에 대한 것이야.

잘 한번 생각해 봐. 어린 시절 잠자리 잡으러 다니면서 얼마나 즐거워했는지. 울다가 금세 다시 웃을 수 있고, 모든 것을 믿고, 모든 것에 호기심을 가졌던 그 기억을 되살려 봐. 얼마나 순수한 마음이었는지 말이야. 그것을 회복하는 것이 지금 우리가 말하고 있는 노자의 명상법이라는 거야."

더 웨이

내가 말했다.

"그게 쉬우면, 다들 그렇게 했겠죠? 그런데 그래서 기(氣)가 대체 뭔데요? 전 아직도 잘 모르겠어요."

노인이 말했다.

"그래. 그럼 아주 쉽게 '기'에 대해 이야기해 볼게. 기(氣)는 그냥 느낌이야. 신체 구조 안에서 일어나는 감각(感覺), 느낌 그것에 대한 앎. 그것이 바로 기(氣)야. 그 이상도 그 이하도 아니야.

알겠어?"

상기증(上氣症)

노인이 말했다.

"앞에서 기(氣)는 감각(感覺), 즉 육체 구조 안에서 일어나는 '느낌 그 것에 대한 앎'이라고 말했어.

이 말은 일반적으로 우리가 몸으로 느끼는 촉감(觸感)을 이야기하는 것은 아니야. 오해하면 안 돼. 그래서 이렇게 오해를 불식시키기 위해 서 다시 한번 기(氣)에 대한 이야기를 하려고 해.

물론 일정 기간 수련을 통해서 현재 기를 느끼고 있는 사람들에게는 별로 설명을 할 필요가 없겠지.

그럼에도 불구하고 앞서서 왜 기를 그저 감각(感覺)이라고 표현했는 지 알려 줄게. 기감을 느끼기 시작하면, 그때부터 문제에 봉착하기 시작해. 마치 자신이 다른 누군가와 다른 어떤 경지에 도달한 것처럼 착각하기 시작하는 거야. 일종의 병(病)이 시작된 거야. 그리고 이 기에 집착하기 시작해. 처음에는 굉장히 신기하거든. 뭔가 특별한 것을 얻은 것 같기도 하고 말이야.

'의념(意念)이 있는 곳에 기가 따라간다.'라는 말을 들어 본 적이 있을 거야. 이 말은 사실이야. 그렇지만 다시 한번 잘 살펴보면, 의식이 비추는 곳, 의식을 집중해서 몸의 어떤 부위를 관찰하면, 기감을 느끼기 시작한 사람은 그곳에서 기감을 느끼게 돼.

예를 들어 발을 비추면 발의 기감을 느끼고, 손을 비추면 손의 기감을 느끼고, 정수리를 비추면 정수리에서 기감을 느껴. 그래서 마치 의식이 간 곳에 기가 따라가는 것 같아. 그러나 사실 기가 온몸에 퍼져서 의식으로 어떤 특정 부위를 느끼려고 하면 느껴질 뿐이야.

여기서 다시 한번 구체적으로 설명할게. 우선 의식의 특징에 대해 알아봐야 해. 의식은 한 번에 한 가지 대상만을 인식할 수가 있어. 예를 들어 시각 작용이 크게 일어나면, 온 의식이 보는 것에 휩쓸리게 돼. 우리가 영화를 보는 동안 시각, 청각이 아주 활성화되어 마치 우리가 사는 현실 세계는 사라진 것처럼 느껴. 온 의식이 영화라는 대상에 집중되어 있기 때문에 나머지 것들은 의식의 차원에서 사라지는 거야. 또한 우리가 어떤 문제에 봉착하여 마음에 온통 걱정이 생겨날 때, 마음에서 일어난 생각, 감정 그것들의 연속적인 일어남과 사라짐에 빠지게 되면, 주변의 소리나 발생한 상황들을 모르고 생각과 감정에 빠져들게 돼. 이런 경험이 다들 있을 거야. 그래서 이럴 때, '정신이 빠졌다.'라고 표현하기도 해. 이렇게 의식은 한 번에 한 가지 대상만을 느끼는 특징이 있어.

또한 몸의 감각에 있어서 우리는 평소에 가장 강한 감각만을 느끼면서 살고 있어. 예를 들어 만약 허리에 통증이 있다면, 하루 종일 허리의 통증만을 느껴. 다른 곳의 감각은 거의 느끼지 못해. 팔이나 다리에는 감각이 없고 마치 허리 통증만 있는 것처럼 말이야. 혹, 코가 막혔어. 그럼 우리는 코막힘만을 느껴. 다른 곳의 감각은 거의 느끼지 못한다는 말이야. 또 어떤 때, 어깨에 통증이 만성으로 있는 사람들의 경우는 하루 대부분의 시간을 몸의 어깨 통증 감각을 느끼고 살아. 다른 몸의 감각은 잘 느끼지 못해. 그런데 이런 경우라도 만일 다리나 팔을 꼬집으면, 아주 아프게 꼬집으면, 온 신경이 꼬집은 그곳으로 옮겨가서 꼬집혀서 아픈 감각만을 느끼게 돼. 또 한 가지 경우는 몹시 중요한 상황이 생겨서 온 신경이 그 일에 가있을 때 어깨 통증 같은 건 느끼지도 못해. 다시 반복해서 말하면, '의식은 한 번에 한 가지 대상만을 느낀다는 특징이 있다'는 거야.

기감에 대해서도 마찬가지야. 보통 기감은 머리 쪽에 잘 느끼게 되는데, 그 이유는 머리에 우리의 오감의 통로가 가장 많이 모여 있기 때문이야. 눈, 코, 귀, 입, 얼굴이 머리에 모여 있기 때문이고, 또한 머리가 신체에서 가장 중요하다고 배웠기에 무의식적으로 머리를 중요하게 생각하는 고정관념을 가지고 있기 때문이기도 해. 그래서 기감을 일반적으로 머리 쪽으로 많이 느끼는데, 이 기감에 집착하게 되면,

또 문제가 발생하기 시작해.

기공수련이나 명상을 수련하는 사람들이 겁내는 것 중에 '상기증(上氣症), 주화입마(走火入魔)'라는 것이 있는데, 이것의 원인을 가장 쉽게 설명하면, 집착이라고 할 수 있어. 뭔가 특별한 사람이 되고 싶은 욕망에 의해 과도하게 기를 부여잡으려고 하기 때문에 발생하는 것이라 보면 될 거야.

상기증이라는 말은 말 그대로 '기가 위로 올라가는 증상'이라고 할 수 있어. 앞에서 설명한 수승화강(물은 위로, 불은 아래로)의 원리와 다르게 머리가 뜨거워지는 거야. 그럼 뭔가 잘못된 것이겠지. 열이 머리로 뻗치면 당연히 고혈압 증상이 일어날 수밖에 없어. 머리가 어지럽거나, 안개가 생긴 것 같고, 혹은 눈이 충혈되거나 침침해지는 증상이 일어나는 거야. 이런 증상은 과도하게 '정수리 혹은 인당에 집중해서 기를 모으겠다'라거나, '제3의 눈을 열겠다'는 등의 의도를 가지고 집착하기 때문에 생기는 거야. 이런 경우 어디 가서 용하다는 사람에게 가서 물어보면, '단전에 집중하세요. 혹은 발바닥에 집중하세요.'하거든. 왜 그렇게 하는 것인가 하니, 이미 과도하게 머리 쪽으로 집중되어 있는 습관을 부수어 집착을 허물기 위해서야.

의식이 발바닥으로 집중되면, 당연히 머리 쪽을 동시에 집중할 수 없으니 점차 괜찮아질 수밖에 없는 거야. 물론 머리 쪽의 기감이 몹시 강할 경우는 동시에 집중될 수도 있지만 의념을 발바닥 등에 좀 더 두려고 하면 머리 쪽의 감각을 덜 느끼게 되거든.

그렇지만 근본적인 해결책은 기에 대한 집착을 버리고, 기가 단지 감각이고, 감각이라는 것은 생멸의 법칙, 자연의 법칙에서 벗어나지 못한다는 것을 정확하게 이해하는 것이야. 그렇다면 사실 기가 머리에 있든, 배에 있든, 발바닥에 있든 중요하지 않아. 감각에 대한 자연 법칙은 추후에 다시 시간을 내서 이야기할게."

주화입마(走火入魔)

노인이 잠시 침묵 속에 잠겨 있다 눈을 뜨며 말했다.

"다음으로 주화입마(走火入魔)라는 것은, 무협지 같은 것을 봐서 생긴 개념이라고 이해하면 좋을 것 같아. 간단히 뜻을 설명하면, '불이 달려서 마로 들어간다'라는 것인데, 마귀니 뭐니 그런 것에 쓴 것이 아니고, '불처럼 뜨거운 감각이 몸 어딘가에서 일어났다'는 거야.

즉, 문제는 그저 뜨거운 감각, 느낌이 일어난 것이야. 사실 수행을 하다 보면 오만 가지 감각적인 것들과 마주하게 되는데, 그 모든 것을 뭔가 특별한 어떤 것으로 부여잡고자 하는 망상이 그 감각을 증폭시키기 때문에 겁이 나고, 이 때문에 심리적으로 불안을 느끼는 것이 문제가 되는 거야. 이런 경우는 평소에도 사실 뜨겁고, 차갑고, 찌릿하고, 뭔가 흐릿하고, 감각은 일어나고 있는데, 다른 곳에 정신이 팔려 있기 때문에 느끼지 못하다가, '명상'이라는 것을 하다 보니, 평소보다 자신의 몸에 대해서 좀 더 잘 관찰하고 느끼게 되거든. 그래서 일어난 하나의 감각, 그중에서 열이나 불 같은 뜨거운 느낌을 심각하게 받아들이는 것이라 생각하면 좋을 거야.

 감각의 법칙은 위에서 말했지만, 생멸의 법칙, 자연의 법칙에서 벗어나지 못해. 일어난 모든 감각은 사라지게 되어 있거든.

 재미있는 사실은 어떤 감각도 잠을 자는 동안은 느끼지 못한다는 거야. 의식이 없으면, 기도 없고, 감각도 없어. 자는 동안 상기증도, 주화입마도, 어깨 통증도, 허리 통증 등등도 없어. 잠이 들지 못했다면 느끼겠지만 말이야. 우선 의식이 있고, 그래야 감각도 있어. 이 이야기는 추후에 좀 더 구체적으로 해줄게.

 다시 정리해서 상기증과 주화입마 등의 소위 기공병이라는 것은 환상, 망상에 불과해. 그러나 그것이 실제로 감각적으로 없다는 말은 아니니 오해하지는 말고. 다만 그 발생 원인은 자연스럽지 못한 마음과 억지로 뭔가를 얻으려고 과도하게 하는 노력, 숨 참기, 숨 억지로 길게 쉬기, 한 대상(정수리, 미간, 단전 등)에 과도하게 집중하려는 행위에서 발생한다는 것이야.

 또한 발생한 증상은 육체적 감각 차원에서 발생하니, 그것의 해결 역시 감각 차원에서 하면 된다는 말이야. 감각은 발생하면 소멸하는 생멸법, 자연법의 법칙을 벗어나지 못하니, 그저 그 자체를 평정심으로 수용하면 조만간 그 문제에서 벗어날 수 있을 거야. 그러니 크게

더 웨이

걱정할 문제가 아니야.

알겠어?"

오감(五感)

노인이 말했다.

"앞에서 기감(氣感)을 처음 느끼기 시작하면 발생하는 두려운 마음에 대해 이야기를 했어. 그 예로 상기증(上氣症), 주화입마(走火入魔)의 발생 원인과 해결책을 설명했어.

이제 앞서 이야기한 감각에 대한 구체적인 이야기를 해줄게.

오감(五感)에 대해 우리는 잘 이해하고 있는 것 같지만, 오히려 너무 잘 안다고 느끼기에 사실은 잘 이해하지 못하고 있어.

오감은 시각(視覺), 청각(聽覺), 미각(味覺), 촉각(觸覺), 후각(嗅覺)의 다섯 가지 감각을 이야기해.

시각은 눈이라는 육체적 물질을 통해 눈의 대상인 외부의 물질 혹은 내부의 어떤 형상을 마음으로 볼 수 있다는 의미야. 시(視)는 본다는 뜻이고, 각(覺)은 그것을 안다라는 뜻이야. 즉 눈의 대상이 되는 무엇을 마음이 안다는 것을 뜻해.

청각은 귀라는 육체적 물질을 통해 귀의 대상인 외부의 소리 혹은 내부의 소리를 마음으로 들을 수 있다는 의미야. 청(聽)은 '듣는다'는 뜻이고, 각(覺)은 '그것을 안다'라는 뜻이야. 즉 귀의 대상이 되는 무엇을 마음이 안다는 것을 뜻해.

미각, 촉각, 후각도 위와 마찬가지야."

생멸법(生滅法),
자연법(自然法)

노인이 말했다.

"여기서 재미있는 사실이 있어. 앞에서 의식의 특징에 대해 이야기
했는데, 의식은 한 번에 한 가지 대상만을 알아차린다고 했어. 그것은
이미 이야기했고, 두 번째 특징은 의식은 지속적으로 인식되는 대상
은 없는 것으로 인식한다는 거야.

이게 무슨 말이냐면, 예를 들어 혀는 혀의 맛을 알지 못해. 인식하
지 못한다는 말이야. 왜냐하면 항상 동일한 혀의 맛이 있거든. 다시 말
해 우리가 최근에 마스크를 쓰고 있잖아. 기침을 해서 마스크에 침이
튀었어. 그러면서 살짝 침이 외부에 갔다 다시 혀로 닿게 되면, 그럼
그때 알게 돼. 침이 맛이 있다는 사실을 말이야. 그런데 입속에 그대
로 침이 있을 때는 그 맛을 계속 느끼고 있기 때문에 맛이 없는 상태
로 우리의 의식은 인식한다는 말이야. 실제로 침은 맛이 있는데, 우리

의 의식은 항상 지속되는 감각에 대해서는 인식하지 않는 특징이 있기 때문에 오히려 맛이 없는 것으로 느낀다는 것이야.

냄새도 마찬가지 맥락인데, 코에도 본래 냄새가 있걸랑. 그런데 우리는 동일한 상태에서 코 자체의 냄새를 맡지는 못해. 그래서 냄새가 없는 것으로 인식하는 거야.

시각도 동일한데, 예를 들어 흰 벽을 계속 집중해서 한번 봐봐. 한 15분 20분 흰 벽을 계속 집중해서 보면 어느 순간 뇌는 동일한 시각적 작용이 반복된다고 판단하고, 일종의 스위치를 꺼버려. 마치 시각에서 벽이 사라지는 경험을 할 수 있을 거야. 그것은 그저 의식이 계속 인식되는 자극에 대해서 인식을 하지 못하는 특징 때문에 일어나는 현상이니 놀랄 필요가 없어.

바꾸어 말하면, '의식은 변화하는 것은 인식하고, 변화하지 않는 것은 인식하지 않는다.'라는 특징이 있다고 볼 수 있어.

우리가 내면에서 생각을 인식하는 이유는 생각이 매 순간 변하고 있기 때문이야. 변하지 않으면 인식되지 않아. 그래서 모든 종파의 수행을 잘 살펴보면 하나의 대상을 정하고 그것을 끊임없이 관찰하는 방식으로 훈련하고 있고, 그 훈련이 지속되면 마음 자체가 사라지는 것을 경험해. 마음 자체가 사라지면 그때 마음을 비추던 본래의 바로 '그것'을 일별하게 되는 거야.

다시 본론으로 돌아가서, 감각은 재미있게도 의식의 특징에 의해 변화하고 있다면 인식되고, 변화하지 않으면 인식되지 않아. 다시 말해 지속적으로 발생하는 동일한 감각에 대해서 의식은 인식을 꺼버리고 감각 없음으로 인식하는 특징을 가지고 있어.

그런데 감각이라는 녀석이 참 재미있어. 어떤 감각도 자세히 관찰을 해 나아가다 보면, 영원하지가 않아. 예를 들어 스스로 팔을 꼬집고 나서 그 촉감을 관찰한다고 하면, 자세히 그 감각을 느끼려고 한번 시도해 보자고. 그럼 그 촉감이 '있다, 없다, 있다, 없다'를 반복하고 있다는 사실을 알 수가 있어. 마치 잔잔한 호수에 돌을 하나 던지면 물결의 파동이 잔잔히 퍼져 나가는 것에 비유할 수 있는데, 그 파동은 퍼져 나가다가 점차 사라져.

감각도 마찬가지로 파동, 진동처럼 '지잉, 지잉'하면서 느껴지지. 계속 '지이이이이이이잉'하고 있지 않아. 긴 진동, 파동 같은 감각도 당연히 있지만, 실제로 자세히 관찰하면 한 번 일어나고 한 번 사라져. 만성적인 통증도 마찬가지인데, 어깨 통증을 달고 다니는 사람이라면 한 번 어깨의 감각을 자세히 관찰해 볼 필요가 있어. 마치 실험실의 과학자가 어떤 실험 대상을 자세히 관찰하는 것처럼 말이야. 그럼 어깨 통증이라는 것도 마찬가지로 어떤 진동 혹은 파동처럼 일어났다 사라졌다 하는 것을 느낄 수 있어. 물론 그 속도가 엄청나기 때문에 마치 계속 있는 것처럼 인식되는데, 연습을 해서 계속 관찰하다 보면 실제로는 일어났다 사라지고, 일어났다 사라지고를 반복하고 있다는 것을 느끼게 될 거야."

유무상생(有無相生)

노인은 잠시 동안 침묵 속에 있었다.

그리고 나를 지긋이 바라보며 입을 열었다.

"데이비드 호킨스 박사는 《치유와 회복》이라는 저서에 이런 표현을 했어. '감각을 느끼는 양은 제한이 되어 있다.'라고 말이야. 고통의 감 각도 그 감각의 양은 한계가 있다는 말이고, 쾌락의 감각도 그 감각의 양이 제한이 되어 있다는 거야.

이것을 불교적인 용어로 표현하면 생멸(生滅)이라고 할 수 있어. 생 멸(生滅)은 생(生)하고 멸(滅)하고가 반복된다는 뜻을 내포해. 도가에서 는 이것을 소식(消息)이라고 하고, 고대 사람들은 역경(易經)에서 이것 을 음양(陰陽)이라고 했어.

생멸(生滅)은 글자 그대로 풀이하면, 생(生)은 '나다, 살다, 태어난다,

삶'이라는 의미이고, 멸(滅)은 '(불이) 꺼지다, 끄다, 멸하다, 없어지다, 죽음'의 의미가 있어. 문자적 의미로 보면, '삶과 죽음', '나타나고 없어짐'으로 볼 수 있고, 수행에서 생멸의 의미는 '일어남과 사라짐' 정도로 볼 수 있어. 즉, 있다, 없다를 반복한다는 말이야.

소식(消息)은 오늘날 일반적으로 어떤 정보를 소식이라고 해. 그러나 본래 의미는 생멸과 마찬가지로 일어나고 사라지는 것을 의미하는데, 글자 그대로 풀이하면, 소(消)는 '사라지다, 없애다, 소모하다'의 의미가 있고, 식(息)은 '호흡하다, 살다, 자라다, 키우다, 번식하다'의 의미가 있어. 즉, 생멸의 의미와 마찬가지인 거야. 사라지고 생겨나고를 반복하는 것을 말해. 그래서 보통 일소일식(一消一息)이라 표현하기도 해.

음양(陰陽)은 많이 들어 보았을 거야. 음은 어두움, 땅, 달, 없음 등 소극적인 방면을 상징한다고 할 수 있고, 양은 밝음, 하늘, 해, 수컷, 더움 등 능동적이고 적극적인 방면을 상징한다고 할 수 있어. 그래서 일음일양(一陰一陽)은 달과 해의 순환, 어두움과 밝음의 순환, 암컷과 수컷의 순환, 땅과 하늘의 순환을 나타내며, 없고 있음이 무수히 반복되고 있는 것을 의미해. 즉 생멸의 의미와 소식의 의미와 일맥상통하는 개념이라고 이해하면 좋아.

그렇다면, 노자는 이러한 '무상(無常) – 모든 것이 늘 변함'의 이치를 어떻게 표현했을까?
노자는 도덕경 2장을 통해 우리에게 힌트를 남겨 주었어.

* 유무상생(有無相生)

있음과 없음은 서로를 태어나게 해.

라고 했어.

있음이 없음의 원인이 되고, 없음이 바로 있음의 원인이 되는 거야. 불교의 생멸법, 무상의 법칙과 마찬가지로 나타나고 사라지고가 반복되고 있음을 이야기해.

그래서 우리가 오감을 통해 느끼는 모든 감각들은 사라지게 되어 있다는 말이야. 감각이 반복적으로 나타나고 사라지는 속도가 너무나도 빠르기에 우리는 마치 감각이 계속 '있다'고 느끼지만, 수행을 통해 감각의 본질을 자세히 관찰할 수 있게 되면, 그것이 그저 생멸하고 있음을 알아차릴 수 있어.

그것이 바로 감각에서의 본래 그러한 것, 마땅히 그러한 것, 당연히 그런 것을 의미하며, 앞 장에서 이야기한 감각의 자연법(自然法)이야.

아주 쉽게 말하면, **'모든 감각은 무상(無常)해'**라는 말이야.

알겠어?"

CHAPTER 6

종교와
명상

내가 물었다.

"그래서 지금 말씀하고 계신 명상을 하기 위해 도교를 믿어야 한다
는 건가요?"

노인이 방긋 웃으며 말했다.

"허허허. 자네가 아주 단단히 오해했군. 아니야. 내면의 관찰은 종교
를 믿고 안 믿고는 상관이 없어.

지금 우리는 내면의 관찰이라는 주제로 이야기를 풀어 가고 있지만,
명상수행에 대해 구체적으로 기술된 가장 좋은 교본은 아마도 불교
명상법일 거야. 그러나 불교, 도교, 기독교, 힌두교, 이슬람교 등등 종교
를 믿고 안 믿고는 명상과는 별개의 문제라고 이해하면 좋을 것 같아.

자네에게 질문을 한 가지 할게. 자네 생각에 '외부의 실상을 관찰하여 법칙을 발견하는 것'을 무엇이라고 할 수 있겠나?"

내가 답했다.

"네? 외부의 실상을 관찰한다. 음…. 나무를 관찰할 수 있고, 나무에서 떨어지는 사과를 관찰할 수도 있고…. 아! 과학을 말씀하시는 것 같아요. 맞나요?"

노인이 말했다.

"그래. 과학은 외부 세계의 실상을 객관적으로 관찰하여 법칙을 발견하는 것이야. 거시적으로 또한 미시적으로도 실상을 자세하게 관찰하여, 이를 통한 일종의 법칙을 알게 되는 거지.

예를 들어 모든 물질은 입자 혹은 파동으로 존재한다는 양자론도 미시적인 관점으로 물질을 관찰하여 얻은 결론이야. 뉴턴이 발견한 법칙들도 역시 외부의 실상을 눈으로 관찰하고 추론하고 검증하여 법칙을 발견한 거야. 또한 과학적 관찰은 세부적으로 나누어져, 물리학, 생물학, 지구과학, 지질학 등등 관찰의 대상에 의해 구분이 될 수도 있을 거야. 그러나 근본적으로는 외부적 실상을 객관적으로 관찰하여 발견한 법칙에 대한 것임에는 틀림이 없어.

과학적 법칙은 '누가 관찰하는 것'이 전혀 중요하지 않아.

기독교인이 관찰하든, 불교인이 관찰하든, 도교인이 관찰하든, 힌두교인이 관찰하든, 법칙이 변하는 것은 아니잖아.

그렇지?"

내가 답했다.

"그렇죠. 어떤 종교를 가진 사람이 외부 실상을 관찰해도 결과는 같겠죠. 그것을 법칙이라고 하니까요."

노인이 말했다.

"바로 그거야.

명상은 쉽게 말해, 내부의 실상, 내면의 실상을 관찰하고, 또 관찰하여 법칙을 발견하는 것이라고 이해하면 돼.

즉,
외부적 실상을 관찰하여 법칙을 발견하는 것을 '과학'이라 할 수 있다면,
내부적 실상을 관찰하여 법칙을 발견하는 것을 '명상'이라 이해하면 쉬울 거야."

노인은 잠시 침묵 속에 있었다. 잠시 후 노인이 투명한 눈으로 나를

더 웨이

바라보며 말했다.

"나는 자네에게 어떠한 종교를 강요하고 있는 것이 아니야. 기독교, 천주교, 불교, 도교, 이슬람교 … 등등 종교를 믿으라는 말도 아니고, 믿지 말라는 것도 아니야. 훌륭한 기독교인이 되면 그것도 좋고, 훌륭한 불교도가 돼도 그것으로 좋아. 물론 다른 종교를 믿고 훌륭한 종교인이 되면 그것도 좋을 거야.

다만, 외부적 실상에 모든 관심이 집중되어 정작 자기 자신의 내면을 관찰하지 않는 것은 이상한 것이고, 자연스럽지 못한 것이라는 말이야.

외부적 실상에 휘둘려 그것에 대해 갈망과 혐오로 반응하며 살아가는 것은 고통스러운 것이야. 휘둘리는 원인은 바로 '내면에서 휘둘리기' 때문이야.

우리는 정작 외부에 대한 관심의 백 분의 일조차 자신의 내면에 관심을 두지 않아. 모든 현인이 말했어. '너 자신을 알라.'고 말이야.

그렇다면 '나는 누구인지? 나는 무엇인지?' 대체 어떻게 알 수 있겠어?

과학적으로 외부의 실상을 객관적으로 관찰하는 것처럼, 내부의 실상에 대해, 나라는 것에 대해 객관적으로 관찰을 하는 것으로 알 수 있을 거야.

그렇지? 논리적이잖아.

자신의 마음과 내면을 객관적으로 관찰하다 보면 이를 통해 이해라는 것, 앎이라는 것, 법칙이라는 것을 발견하게 될 거야.

그러나 잠깐 관찰해서 알 수 있을까?

뉴턴이 발견한 중력이라는 법칙을 현재 모든 사람이 알고 있고 활용하고 있어. 그러나 왜 뉴턴은 발견했는데, 다른 사람들은 그전에는 그것을 몰랐을까?

그것은 단 한 가지 이유야.

진지하게 열심히 관찰하지 않았기 때문이야.

알겠어?"

CHAPTER 7

긴장과
이완

내면 관찰의
부작용

노인이 말했다.

"오늘은 내면 관찰의 부작용에 대한 이야기를 한번 해볼까 해.

부작용이라는 용어를 써서 자네가 겁을 먹을 수도 있는데, 내면의 관찰 부작용은 다름 아닌 긴장이 이완되고, 몸이 훨씬 부드러워지는 것이기 때문에 좋은 부작용이라고 해야 할 거야. 그러나 몸을 부드럽게 하기 위한 목적으로 내면의 관찰을 한다면 그 부작용마저도 얻지 못할 것이니 이 점을 주의해야 해."

노인은 잠시 침묵했고, 나를 가만히 주의 깊게 관찰하는 것 같았다.

노인이 다시 말했다.

"사람들은 스트레스라는 말을 참 많이 사용해. 마치 스트레스라는 말로 모든 것을 설명할 수 있는 것처럼 말이야.

만병의 근원을 스트레스라고 하기도 해. 그런데 정작 스트레스의 원인이 무엇인지 묻는다면, 의학을 전문적으로 공부한 사람도 중언부언을 할 수밖에 없을 거야. 왜냐하면 스트레스의 원인은 간명하게 말해 불분명하기 때문이야.

우리는 우선 스트레스라는 것이 무엇인지 살펴볼 거야. 그리고 나서 스트레스의 원인이 무엇인지 이야기하도록 할게.

스트레스는 우리말로 '긴장(緊張)'이라고 할 수 있어.

긴(緊)이라는 글자는 '어질 현(臤)'자와 '가는 실 사(糸)'자가 결합되어 만들어진 글자야. 현(臤)자에는 '어질다'나 '굳다'라는 뜻이 있어. 그래서 '줄이 굳다', '줄이 팽팽하다'라는 뜻을 표현해. 줄이 팽팽한 모습은 매우 급박한 어떤 상황을 연상시키기 때문에 '급박하다 혹은 팽팽하다'는 의미로 이해하면 돼.

장(張)이라는 글자는 활이라는 뜻의 궁(弓)자와 '길다, 길게 하다'는 뜻을 가진 장(長)자가 합해 만들어진 글자야. 활에 줄을 길게 하는 것처럼 '당기다, 부풀리다'라는 의미가 있어.

그래서 긴장이란 쉽게 말해, 팽팽하게 당겨지는 느낌을 표현하고 있다고 이해하면 돼. 또한 긴장은 느슨한 것의 반대말이야. 즉, 느슨하지 않은 것, 말랑말랑한 것이 아닌 딱딱한 상태를 이야기해.

현대 중국어로 스트레스는 야리(压力)라고 해. 주로 일상생활에서 스트레스받는 상황을 이야기할 때, 야리헌따(压力很大)라고 표현해. 글자를 한국식 한자로 풀이하면, 압력이라는 것이고, 압력은 누르는 힘을 이야기해. 그래서 '눌리는 느낌이 크다'라는 식으로 스트레스 상황을 이야기하는 거야.

이렇게 스트레스라는 영어를 한국어로 혹은 중국어로 풀이해 보면, 좀 더 명확하게 개념을 이해할 수 있는데, 다시 한번 정리하면 스트레스는 긴장과 압박이라고 할 수 있을 거야. 좀 더 쉽게 신체적 감각의 영역에서 스트레스를 형용해 본다면, 딱딱한 느낌이라고 할 수 있겠지.

'몸이 굳는다. 어깨가 뭉쳤다. 목이 결리다.' 등등의 신체적 표현을 스트레스에 대한 우리 몸의 감각이라고 할 수 있어."

마음의
작동방식

노인이 잠시 눈을 감았다.

다시 눈을 뜬 노인은 부드러운 미소를 띠며 말했다.

"스트레스는 다시 한번 정리하면, '긴장'이라는 것이고, 그것은 육체적 감각으로는 딱딱함, 굳은 느낌이라고 했어. 재미있는 사실은 마음의 긴장이 몸의 긴장을 일으킨다는 거야. 물론 몸의 긴장은 역으로 마음의 긴장을 일으켜.

그렇지만 선후의 차원에서 자세히 살펴보면, 마음의 긴장이 몸의 긴장을 일으키고, 몸의 긴장에 의해 불편한 마음이 들고, 그것이 증폭되어 병의 형태를 만드는 과정이 진행된다고 보면 돼."

내가 노인의 말을 끊고 물었다.

"그러니까 외부상황에 의해 스트레스를 받는 것이 아니라 제 내면의 마음이 스트레스를 만들어 낸다는 그런 뜻인가요?"

노인이 웃으며 말했다.

"그래. 자네 말이 맞아.

우리 마음의 작동방식에 대해 이야기해 줄게. 이론적인 측면에서 우리 마음에 대한 것을 공부하면 어떻게 우리가 긴장과 압박을 만들어 내는지 더 이해하기 쉬울 거야.

불교적 관점에서는 마음을 '의식, 지각, 감각, 반응'으로 각각 기능적 구분을 해.

의식은 외부적 상황 혹은 내부적 상황에 대한 일종의 접수처 기능을 하는 곳이야. 의식은 보통 마음의 창이라고 비유하는데, 말 그대로 '좋다 나쁘다'에 대한 판단 없이 실상을 있는 그대로 인식하는 창문 같은 역할을 하는 것으로 볼 수 있어.

지각은 의식을 통해 접수된 대상에 대해 과거 경험을 토대로 '좋다 나쁘다'를 판단하는 기능을 해. 지각은 마치 칼로 비유할 수 있어. 무를 잘라 깍두기를 만드는 것처럼 분별, 구별하는 역할을 한다고 이해하면 좋아.

감각은 말 그대로 느낌을 이야기하는데, 피부 표면에서 느껴지는 감각과 피부 안쪽에서 일어나는 여러 가지 느낌들을 통째로 말하는 거야. 예를 들어 차갑거나 뜨겁다는 느낌, 딱딱하거나 부드러운 느낌, 흐르거나 멈춘 느낌, 찌릿찌릿한 느낌 등 몸에서 느껴지는 모든 느낌들이라고 이해하면 좋을 거야.

반응은 말 그대로 감각을 통해 느낀 것에 대해 갈망과 혐오 혹은 중립의 반응을 일으키는 것을 말해. 우리는 어떤 감각에 대해 항상 의식적·무의식적인 반응을 하고 있는데, 예를 들어 유쾌한 감각은 더 느끼고 싶다는 갈망의 반응을 일으키고, 불쾌한 감각에 대해서는 느끼고 싶지 않다는 혐오의 반응을 일으킨다는 거야."

안다는 것

노인이 말했다.

"우선 지각에 대해서 더 구체적으로 이야기해 줄게.

지각은 안다는 의미의 지(知)와 알아차림의 의미인 각(覺)이 합해져 만들어진 단어야.

안다는 것은 세 가지 차원으로 구분할 수 있어.

첫 번째는 언어적 차원으로서의 앎이야.

노자는 도덕경 1장에서 **'명가명 비상명**(名可名 非常名)**'**이라는 말을 해.

명은 말 그대로 이름을 의미하는데, 앞에서도 간단히 설명했지만 밤

(夕)에 식별을 위해 입(口)으로 소리를 내어 부르는 이름(名)을 말해. 우리가 누군가와 대화를 할 수 있는 것은 마치 캄캄한 밤에 이름이라는 입에서 나는 소리를 통해 현재에 있지 않은 '것'들에 대해 서로 합의된 '무엇=개념'을 공유할 수 있는 언어적 차원의 앎이 있기 때문이야. 이러한 개념, 언어, 일종의 약속에 대한 앎이 바로 언어적 차원의 앎이라고 이해하면 좋아.

두 번째는 지적 차원으로서의 앎이야.

지적이라는 것은 언어적 차원의 앎을 스스로 더욱 깊이 있게 연구하여 말 그대로 머리로 이해한 앎이라고 할 수 있어. 현대사회에서 학교교육을 통해 사람들에게 전달하는 앎은 대부분 지적인 차원의 앎으로 볼 수 있어. 이러한 지적인 차원의 앎에는 기억이라는 정신작용이 많은 부분을 차지하고, 기억에는 근거라는 데이터, 자료들로 보충되어 있다고 볼 수 있어.

하나의 지적 차원의 앎을 공고히 해주는 것은 여러 가지 사례의 한 방향 데이터이기 때문이야. 만약 데이터의 방향이 서로 모순되거나 양방향일 경우 지적으로 명료하게 앎이 되는 것이 아니라 오히려 모름으로 변할 수도 있어.

다시 돌아와서 세 번째는 경험적 차원으로서의 앎이야.

경험적 차원의 앎은 예를 들어 뜨겁다, 차갑다 등의 개념적인 앎을 실제로 불에 데는 행동을 통해 감각적으로 알게 된 것들을 말해. 혹은 얼음을 만져서 감각적으로 차갑다는 개념에 대해 경험적으로 알게 되는 것들이라고 이해하면 쉬울 거야.

언어적 차원과 지적 차원의 앎은 반드시 경험적 차원의 앎을 동반하고 있지는 않고, 머리로 이해하는 앎으로 보면 좋고, 경험적 차원의 앎은 우리가 인생을 살아가면서 몸을 통해 감각적으로 알게 되는 차원의 앎이라고 단순하게 이해해도 좋을 거야.

이렇게 세 가지 차원의 앎 모두 지각에 포함된다고 보면 돼.

즉, 지각은 머리로 이해했거나, 경험적으로 이해한 것, 그러한 통합적 기억을 통해 일종의 판단을 내리는 기능이라고 볼 수 있어. 더 쉽게 말하면, 지각이 바로 에고의 시작이라고 보면 좋아. 자기 자신이라는 어떤 느낌을 우리는 지각을 통해 인식하고 있다고 보면 돼.

에고에 대해 간명하게 설명한다면, 일종의 지적, 경험적 기억의 총합과 그에 상응하는 감정작용의 무더기라고 할 수 있어.

그래서 의식에서 지각이 작동하면, 그 좋고 나쁨에 의해 감각이 일어나게 돼.

감각은 말 그대로 '느낌에 대한 알아차림'을 의미해. 지각이 좋다고 판단하면 몸에서 일종의 생화학적인 물질이 일어나고 그것에 의해 유쾌한 느낌을 경험하게 돼. 만약 지각이 나쁘다 혹은 싫다고 판단하면 몸에서 마찬가지로 생화학적인 물질이 일어나고 그것에 의해 불쾌한 느낌을 경험하게 돼.

이렇게 유쾌한 감각, 불쾌한 감각은 반응을 일으켜. 유쾌한 감각을 느끼는 경우는 이 느낌이 지속되기를 갈망하게 돼. 만약 불쾌한 감각을 느끼게 될 경우는 이 느낌이 빨리 사라지기를 바라며 혐오감을 일으키는 거야.

다시 마음의 작동방식에 대해 정리하면, 우선 의식으로 외부적 실상을 인식하고, 인식된 실상에 대해 지각으로 판단을 내려. 지각에 의해 판단된 것은 몸에 유쾌하거나 불쾌하거나 혹은 유쾌하지도 불쾌하지도 않은 중립적인 감각을 일으켜. 일어난 감각에 대한 느낌이 좋고 나쁨에 대해 마음은 더 느끼고 싶어 갈망하거나 혹은 느끼고 싶지 않아 혐오를 일으키는 반응을 하게 돼.

이러한 마음의 작용은 순식간에 일어나는 거야."

내가 말했다.

"제가 제대로 이해했는지 여쭤볼게요. 마음은 의식, 지각, 감각, 반응으로 순식간에 작동한다는 말씀인 거죠?"

노인이 말했다.

"그래. 그렇게 이해하면 좋아.

보충해서 설명하면, 이러한 의식, 지각, 감각, 반응은 엄청난 속도로 일어나고 있기 때문에 평소에 연습하지 않으면, 어떤 외부적 상황에 대해 순식간에 반응하는 형태로 거의 무의식적으로 살아간다고 볼 수 있어.

예를 들어 출근 시간에 아파트에서 엘리베이터를 탔어. 그런데 엘리베이터가 층마다 서는 거야. 그럼 이 상황에 대해 마음은 우선 상황을 의식하게 되고, 지각에 의해 좋다 나쁘다가 작동하고, 그것은 예전에 회사에 늦어서 눈치를 본 상황으로 기억을 통해 떠오르고, 그 기억은 육체에 일종의 화학물질을 일으켜서 불쾌한 감각을 만들게 돼. 그 불쾌한 감각에 정신적인 반응을 하게 되어 머리가 뜨거워지거나 배가 팽팽하게 긴장하는 느낌을 증폭시키게 된다고 이해하면 좋을 거야.

이러한 마음의 작동방식에 대해 스스로 관찰할 수 있게 되면 상당히 많은 일종의 반응하는 습관에서 벗어날 수 있어.

내가 지금 자네에게 하고 싶은 이야기의 핵심이 바로 이 점이야."

모든 생각은
저항이다

노인은 잠시 내 눈을 응시했다.

내가 이해했다는 것을 확인하는 것 같았다. 그리고 다시 말했다.

"마음의 작동방식에 대한 이론적인 부분은 이 정도로 하자고. 이제부터는 실제로 긴장이 일어나는 과정과 이완하는 방법에 대해 이야기할게.

데이비드 호킨스 박사는 '모든 생각은 저항이다.'라고 했어.

우리는 흔히 긍정적인 생각은 좋고, 부정적인 생각은 나쁘다고 여겨. 그런데 호킨스 박사는 모든 생각을 저항이라고 이야기해. 논리적으로는 이해하기 어려울 수 있지만, 실상의 관점에서 보면 납득이 갈 거야.

예를 들어, 부정적인 생각은 '내일 지구가 멸망하면 어쩌지?, 주차장에 있는 내 차를 누가 박으면 어쩌지?, 회사에 지각하면 어쩌지?' 등등이 있을 수 있어. 모두 미래에 대해 소위 걱정을 하는 생각이 일어난 거야. 부정적인 생각은 실상에서 신체적인 긴장을 일으켜. 보통 불수의근보다 수의근에서 먼저 반응이 일어나는데, 어깨 근육이나 목 근육이 가장 먼저 반응해. 일부 사람의 경우 배 근육에 많은 긴장을 일으키거나 혹은 허벅지나 종아리 근육이 긴장하는 경우도 많이 있어. 어느 부위인지는 중요하지 않고, 긴장이 수의근에서 먼저 일어난다는 것이 중요해.

자네는 어떤 편인가. 부정적인 생각을 할 때 어떤 부위의 근육이 먼저 긴장을 하는 것 같은지 관찰해 본 적이 있어?"

내가 말했다.

"음…. 저는 보통 어깨가 뭉치는 것 같은 느낌이 들어요. 그리고 또 한 가지는 숨이 잘 안 쉬어지는 것 같은 느낌을 받아요. 이것이 연관이 있을까요?"

노인이 방긋 웃으며 말했다.

"자네가 아주 좋은 질문을 했어. 우리가 앞에서도 이야기했지만, 마음이 긴장하고 있을 때 신체적으로 두 가지의 비교적 명확한 변화가 일어나는데, 그중 가장 먼저 변하는 것이 호흡의 깊이야. 평상심으로 생활할 때 호흡은 비교적 깊게 배까지 닿아. 그런데 일단 마음의 긴장이 일어나면 호흡이 흉부 혹은 심할 경우 목까지 닿는 현상을 관찰할 수 있어.

현대인들은 대부분 과도한 긴장 상태에서 생활을 하고 있기 때문에 통계적으로도 흉부 호흡을 하는 경우가 많다고 조사돼. 앞에서 자연호흡에 대해 이야기했는데, 자연호흡이 배를 통해 깊이 호흡하는 복부 호흡이라고 할 수 있다면, 현대인들의 대부분은 가슴을 통해 얕은 호흡을 하고 있다고 보면 돼. 이러한 얕은 호흡의 원인은 다름 아닌 마음의 긴장이고, 마음의 긴장이 수의근과 불수의근을 과도하게 긴장시키기 때문에 호흡이 얕아질 수밖에 없는 거야.

부정적인 생각은 또한 내가 부정적인 생각을 하고 있다는 일종의 혐오감을 일으켜. 단순히 생각을 하고 있었을 뿐임에도 '부정적인 생각을 하면 안 돼'라는 심리적 방어기제가 작동하고, 이것은 스스로에게 자괴감 같은 감정적 증폭도 일으키게 되는 거야. 감정적 증폭은 또한 신체적으로 긴장을 일으키는 스위치가 돼.

그런데 긍정적인 생각도 사실 마찬가지야. 긍정적인 생각의 예는 '다 잘될 거야, 문제없어, 그녀는 나를 분명히 사랑해' 등등이 있을 수 있어. 긍정적인 생각은 잠시 동안 마음을 기쁘게 하여 미세한 진동의 형태를 이루게 되는데, 이것도 지속적으로 작동하면 신체적으로 흥분 상태를 일으키게 돼. 흥분상태가 지속되면 이것도 마찬가지로 수의근의 긴장을 일으켜. 물론 맥박도 호흡도 빨라지게 되는 것을 아마 자네도 경험한 적이 있을 거야.

즉, 긍정적인 생각은 마음에 우선 진동을 일으키고 긍정적 생각에 대한 과도한 집착은 신체에 흥분의 파동을 일으켜. 그 흥분의 파동은 빠르고 얕은 호흡을 하게 하고, 그 호흡은 다시 신체를 통해 수의근과 불수의근의 긴장을 일으킨다는 말이야.

그렇기 때문에 호킨스 박사가 '모든 생각은 일종의 저항이다.'라고 한 거야."

내가 고개를 갸우뚱거리며 말했다.

"아! 어렵군요. 생각을 아예 하면 안 된다는 말씀이신 것 같아요."

노인이 웃으며 말했다.

"허허허. 그런 뜻은 아니야. 그저 생각이라는 것은 일어났다 사라지는 무상(無常)의 자연법칙을 따르니, 생각에 대해 큰 의미를 두지 말라는 말이야. 그리고 강조하고 싶은 것은 그저 생각일 뿐인 것에 대해 일희일비 식의 반응하는 습관을 탈피하는 것이 현명하다는 거야. 앞에서도 이야기했지만, 생각은 자네와 별개로 그저 정신작용일 뿐이야.

다시 본론으로 돌아와서 마음에서 일어나는 생각, 감정, 기억 등에 지각이 작동하면, 좋고 나쁘다에 대한 판단을 일으켜. 지각에 의해 판

더 웨이

단이 일어나면, 판단의 좋고 나쁨에 따라 유쾌하거나 불쾌한 감각이 일어나. 이 감각은 육체적인 차원에서 뜨겁거나, 차갑거나, 따끔하거나, 흐르거나, 막히거나 등등의 형태를 이뤄. 형태에 대해 또 불안 혹은 더욱 느끼고 싶다는 갈망 같은 감정을 일으키게 되는 식의 반응을 일으키면, 이 감각은 더욱더 증폭하게 돼. 증폭된 감각은 처음 시작된 감각에 비해 강렬하게 변해 소위 통증을 만들어 내고, 통증에 대한 혐오의 감정은 육체적 통증을 정신적 차원의 고통으로 전환시키는 계기가 돼.

자세히 살펴보면 육체적, 정신적 차원에서 이러한 일련의 과정이 무수히 반복되고 있어. 이것을 불교에서는 이것으로 인해 저것이 생긴다는 '연기법'이라고 표현해. 물론 연기법의 반대 방향으로 수레바퀴를 돌리는 것을 비유하여 해탈이라고 표현하기도 해."

감각의 관찰

노인이 말했다.

"앞에서 한 이야기를 다시 한번 정리하면, 생각은 일종의 저항이고, 그렇다고 생각을 하지 말라는 말은 아니야. 그저 생각이 일어나고 사라지는 무상의 속성을 가지고 있다는 것을 이해하라는 거야. 또한 긍정적 생각이 지나치면 흥분이 되고, 부정적 생각이 지나치면 공포가되는 거야. 그렇기에 소위 '중도-과도하게 치우치지 않음'을 염두하며 생활하는 것이 좋아. 다른 말로 표현하면 '평상심을 유지한다'라고 할수 있어.

자 그럼 이 이야기는 여기까지 하는 것으로 정리하자고.

본론으로 돌아와서, 그렇다면 어떻게 긴장을 이완할 수 있을까?

간단하게 말하면, 수레바퀴를 반대로 돌리면 되는 거야.

외부적 상황을 의식으로 인식하고, 인식된 상황은 지각에 의해 '좋다, 나쁘다'의 판단을 일으켜. '좋다, 나쁘다'의 판단은 몸에 어떤 화학물질을 일으키고 소위 느낌을 만들어 내. 그것을 감각이라고 하는데, 그 감각에 대해 우리는 반응하고 있다고 앞에서도 이야기했어.

그렇다면, 만약 우리가 그 감각 즉, 몸에서 느껴지는 느낌에 대해 반응하지 않고 관찰할 수 있다면 어떻게 될까?

예를 들어, 엘리베이터를 탄 그 상황에서 층마다 멈출 때 몸에 어떤 불쾌한 감각이 일어난 거야. 배가 긴장해서 딱딱해지고 뭔가 불이 붙은 느낌이 든다고 가정해 보자고. 그럼 우리가 관찰의 대상으로 삼아야 하는 것이 바로 그 불붙은 것 같은 느낌 즉, 배의 내부에서 느껴지는 감각이라는 거야. 그런데 재미있게도 이 감각을 자세히 관찰하면, 어떤 흐름처럼 혹은 신호등 파란불이 깜박거리는 것처럼 '있다, 없다, 있다, 없다'를 반복하고 있다는 사실을 알 수 있어. 물론 처음에는 계속 지속되는 것, 혹은 고정된 어떤 것이라 착각하겠지만, 마음을 편하게 하고 지속적으로 자세히 감각을 관찰하면 분명히 인지할 수 있어. 또 재미있는 경험을 하게 될 것인데, 그것은 바로 감각이 변한다는 거야. 이것을 일컬어 무상(無常)하다고 해."

내가 의아해하며 물었다.

"된통 무슨 말씀인지 잘 모르겠어요. 음…. 그러니까 배 안에서 감각이 있는데, 그것은 불쾌한 어떤 느낌이겠죠? 아무튼 그 불쾌한 느낌은 있다, 없다 하고, 결국 사라진다는 그런 말씀인가요?"

노인이 웃으며 말했다.

"그래. 바로 그 말이야. 허허허.

다시 예를 들어 말해 줄게. 여름이 왔어. 여름에 특히 모기가 많잖아. 모기에 물렸다고 가정해 보자고. 우선 모기에 물리면, 어느 순간부터 가려운 감각을 느끼게 돼. 그런데 그 가려운 감각을 집중해서 자세히 관찰해 보면 마치 '지잉, 지잉' 하며 어떤 파동 혹은 진동의 형태로 계속 변화하고 있는 것을 알 수가 있어. 그때 가려운 느낌에 대해 싫다는 혐오의 감정을 느끼지 않고, 중립의 편안한 마음으로 관찰하는 것이 아주 중요해. 우리가 이 연습을 하는 것은 느낌을 변화시키려고 억지로 뭔가를 하기 위해서가 아니라, 어떠한 느낌에 대한 실상을 알기 위해서라고 이해하는 것이 좋을 거야. 그렇게 100% 그 가려운 느낌을 자세히 관찰하다 보면 보통 약 3~5분 이내에 그 가려움이 서서히 사그라드는 것을 알 수 있어. 몇 번의 경험을 반복해서 하다 보면 이런 결론에 도달해. '감각은 진실로 무상하다!'라고 말이야. 그렇게 정확한 관찰을 통해 감각이 무상하다는 진실을 마주하고 나면 그 후부터는 모기가 물어도 마음이 아주 편안하고 짜증을 일으켰던 무의식적 반응을 점점 하지 않게 되는 거야."

더 웨이

내가 시큰둥한 목소리로 말했다.

"아니. 이완에 대해 말씀해 준다면서요. 고작 모기 물리면 마음이 동요하지 않는 법에 대해 지금 알려 주시는 건가요?"

노인이 말했다.

"모든 일에는 순서가 있고, 노자도 이야기했지만 천릿길도 한 걸음부터(千里之行, 始於足下-도덕경 64장)라고 했어.

천천히 다른 예를 들어가며 설명해 줄 테니 잘 들어 봐.

알겠어?"

자각

노인이 말했다.

"그래. 모기에게 물리고 몸에서 일어난 느낌을 관찰하는 것에 대해 이야기했고, 느낌이라는 실상을 자세히 관찰하면 그것에서 무상의 법칙을 발견한다고 했어. 무상(無常)이라는 말은 쉽게 말해, '변한다'라고 할 수 있어. 또한 나타난 모든 것 혹은 몸에서 일어난 모든 느낌은 사라진다라고도 표현할 수 있어. 모기에 물리는 상황은 우리 모두가 여러 번 경험한 적이 있을 것이라 가정하고 예로 들어 설명했어.

이제부터는 경험이라는 측면에서 감각을 이야기하려고 해.

이 이야기는 조금 어려울 수도 있지만, 꼭 자네가 이해했으면 해.

데이비드 호킨스 박사는 자신의 저서 《치유와 회복》에서 여러 차례 인간이 경험하는 경험의 자리에 대한 이야기를 해.

　우리의 몸은 몸 자체로는 지각력이 없어. 이게 무슨 말이냐면, 팔은 자신이 팔임을, 다리는 자신이 다리임을 경험하지 못해. 실제로 생명이 다한 육체는 그 자체가 실제로 존재하기는 해도 어떤 것도 경험하지 못한다는 말이야. 그렇다면 대체 우리가 경험하는 경험의 자리는 어디일까. 호킨스 박사는 다시 이렇게 이야기해.

　팔은 자신이 팔임을 경험할 수 없다. 다리도 자신이 다리임을 경험할 수 없다. 팔이 자신이 팔임을 경험하기 위해서 자신보다 큰 어떤 에너지장이 필요하다. 그것은 오감이다.

　오감은 바로 다섯 가지 감각을 이야기해. 시각, 청각, 미각, 촉각, 후각을 말하는 거야. 이 다섯 가지 감각을 통해서 우리는 팔이 팔임을, 다리가 다리임을 경험할 수 있다는 의미야.

　그런데 재미있게도 오감 역시도 오감 자신을 경험하지는 못해. 오감을 우리가 경험할 수 있는 이유는 오감보다 큰 어떤 에너지장이 있기 때문인데, 그것을 호킨스 박사는 마음이라고 이야기했어.

　마음은 쉽게 표현하면, 생각, 기억, 감정 등을 경험하고 있는 에너지장이라 할 수 있어. 우리는 오감으로 인식되는 영상, 소리, 느낌, 냄새, 맛 등을 마음을 통해 경험하게 되는 거야. 만약 마음이 없다면, 당연히 오감도 경험되지 않아. 이렇게 반대로 생각해 보면 이해하기 쉬울 거야.

그런데 더 재미있는 사실은 마음도 자기 자신을 경험할 수 없어. 생각은 자신이 생각임을, 기억은 자신이 기억임을, 감정은 자신이 감정이라는 것을 경험하지 못한다는 말이야. 그것은 보다 큰 어떤 에너지장에 의해서 경험돼.

그것을 호킨스 박사는 의식이라고 이야기했어. 즉 마음이 우리에게 경험될 수 있는 이유는 우리가 의식이 있기 때문이라는 뜻이야. 그렇기 때문에 우리는 외과수술을 진행하기 위해 마취제로 의식을 사라지게 하는 거야. 의식이 없다면, 마음을 느낄 수 없고, 마음이 없기에 오감을 경험할 수 없어. 오감이 없으니 몸을 경험할 수 없기에 수술을 고통 없이 진행할 수 있게 돼.

이렇게 의식을 통해 마음에서 일어나는 일들을 우리가 경험할 수 있는 것인데, 의식도 자기 자신을 경험할 수 없다고 호킨스 박사는 말해. 다시 말해 의식은 자신이 의식임을 경험하지 못해. 의식은 자신보다 큰 어떤 무엇에 의해 경험된다는 거야. 그것을 호킨스 박사는 자각이라고 이야기해.

다시 말해, 자각에 의해 의식이 경험되고, 의식에 의해 마음이 경험되고, 마음에 의해 오감이, 오감에 의해 육체가 경험된다는 거야.

그렇게 우리가 경험하는 경험의 자리는 호킨스 박사에 의해 자각이라는 것을 확인할 수 있어. 그래서 우리는 자각을 통해, 의식에서 일어나는 일을 관찰할 수 있다는 말이야. 즉 의식을 관찰할 수 있는 것은 우리의 '자각-깨어 있음' 때문인 거야.

알겠어?"

자연치유

노인이 말했다.

"앞서 우리가 경험을 하는 곳은 의식이라는 것을 이야기했어. 그리고 의식을 경험할 수 있는 것은 자각 때문이라는 것도.

호킨스 박사는 치유와 회복에서 자신의 경험담을 이야기해. 이 경험담은 우리에게 아주 많은 것을 알려 주는데, 한 번 들어 봐.

하루는 호킨스 박사가 공원을 걷다 발목을 접질린 거야. 그래서 발목의 통증 때문에 걸을 수 없었어. 근처에 있던 벤치에 앉아서 의식기법을 사용하기로 결정해. 그 의식기법은 바로 통증이 있는 그곳의 느낌, 즉 발목 통증 부위에 의식을 집중해서 관찰하는 것이야. 이때 호킨스 박사는 절대로 저항을 일으키지 말고 있는 그대로 관찰하는 것이라고 조언했어. 다시 말해 통증이 일어나고 있는 발목 부위의 감각 자체를 그저 있는 그대로 관찰하는 것, 100% 수용하는 마음의 태도를 유지하라는 뜻이야. 그렇게 호킨스 박사는 두려움, 공포, 떠오르는 부정적인 생각들과 기억을 무시하고 실상을 있는 그대로 관찰했어. 그랬더니 발목에서 느껴지는 통증이 점점 가라앉게 되고, 약 15분 정도 후에 걸을 수 있게 되었어. 그런데 만약 호킨스 박사가 발목이 접질리고 통증이 일어나기 시작했을 때, 마음의 두려움, 생각, 감정 등에 함몰되었다면 아마도 이 통증은 가라앉기는커녕 오히려 증폭되어 깁스를 해야만 하는 상황이 되었을 거야. 호킨스 박사 스스로도 책에서 이렇게 이야기했고.

즉, 호킨스 박사가 말하는 의식기법을 아주 간명하게 말하면, '감각을 있는 그대로 받아들인다'라고 할 수 있어. 그것이 바로 《치유와 회복》에서 말하는 치유법의 핵심이야. 의식기법이라고 표현하는 이유는 앞서 우리가 살펴본 우리가 '경험'을 경험하는 곳이 바로 의식이기 때문이며, 그렇기 때문에 의식 차원에서 경험을 다룰 수 있다는 의미야. 의식 차원에서 경험을 다룬다는 것은, 의식으로 마음을, 마음으로 오감을, 오감으로 육체적 통증을 다룰 수 있기 때문이기도 한 거라 이해하면 좋아. 그래서 몸에서 일어나는 통증은 결국 의식의 에너지장을 통해 실상에 대한 저항 (생각, 감정 등)을 내려놓고 수용하는 것으로 치유를 일으킨다고 보면 돼.

치유라는 말은 재미있어. 그렇다면 대체 치유는 어떻게 일어난 것일까. 우리가 만약 다리가 골절된다든가 아니면 감기에 걸린다든가 하잖아. 대부분 약을 바르고, 약을 먹는 것으로 치유를 하는 것인데, 인간은 그런 도구와 약물이 있으니 그렇다고 쳐도. 동물을 살펴보면 치유에 대한 직관적인 이해를 할 수 있어. 예를 들어 길냥이가 다리 한 쪽을 다쳤어. 첫날에는 다리 세 개로 천천히 걸어 다니는 것을 보았고, 며칠 후 멀쩡하게 네 다리로 걸어 다니는 것을 보게 됐어. 즉 치유는 휴식 그 자체를 수용하고 받아들이는 것으로 자연 치유되는 것이라 할 수 있어. 사실 인간도 마찬가지인데, 의학적인 약물 등은 보조적인 역할을 하는 것이고 실제로는 몸 내부에 탑재된 자연치유가 일어나서 치유되는 것으로 이해할 수 있어. 그런데 자연치유를 일으키는 기제가 다름 아닌 휴식이고, 그 휴식 중에서도 깊은 잠을 자는 것에서 우리는 치유되는 거야. 그런데 왜 잠이라는 의식에서 무의식으로의 전환이 치유를 일으키는 것일까. 이런 의문이 또 생길 수 있어.

잘 생각해 보면 호킨스 박사의 의식기법과 일맥상통하는 부분이 있는데, 우리는 보통 '나'라는 것, 에고를 통해 무엇인가를 하려고 해. 만약 몸이 다치면, 에고는 온갖 기억과 감정, 생각을 일으켜서 엄청난 에너지로 스스로를 달달 볶기 시작해. 마치 에고가 없으면 문제가 해결되지 않는 것처럼 말이야. 그런데 생각은 온통 부정적이고, 감정도 두려움으로 가득하게 되면, 몸은 의식보다 낮은 에너지장에 속하기 때문에 엄청난 긴장을 불러일으켜 오히려 엎친 데 덮친 격의 상황을 만들게 되는 거야. 치유라기보다는 되려 파괴라고 할 수 있을 정도로. 그런데 만약 우리가 에고적인 측면으로 실상을 대하는 것이 아니라, 그저 실상을 있는 그대로 받아들이는 의식기법을 사용하면, 모든 인간의 내부에 탑재된 자연치유의 능력이 증폭되는 거야. 그렇게 증폭된 자연치유의 능력은 보다 강력한 에너지로 통증을 치유하기 시작할 거야.

알겠어?"

이완

내가 말했다.

"음…. 정말 이해하기 어려운 말씀을 계속하시는 것 같습니다. 그래서 긴장을 이완하는 방법은 언제 알려 주실 건가요?"

노인이 깊은 눈으로 나를 바라보며 말했다.

"자네에게 이렇게 여러 가지 측면으로 이 이야기를 해주는 이유는, 자네가 가지고 있는 고정관념을 깨뜨리기 위해서야. 당연히 자네가 삶을 살면서 축적한 모든 것들이 틀렸다는 말은 아니고, 또한 의미 없다는 말도 아니야. 다만, 부디 마음을 활짝 열고 들어 주기를 바라는 차원에서 이 이야기를 하고 있다는 것을 알아 주었으면 해.

이완(弛緩)은 이(弛)자와 완(緩)자로 구성되어 있어. 이(弛)는 활이라는 뜻의 궁(弓)과 구불구불하다는 뜻을 가진 야(也)자로 이루어져 있어. 쉽게 말해 '활줄이 축 늘어지다'는 이미지를 떠올리면 이해하기 쉬울 거야. 완(緩)자는 실을 뜻하는 '실 사(糸)'자와 누군가에게 막대기나 줄을 건네는 모습을 그린 '당길 원(爰)'자로 구성되어 있어. 즉, 실을 누군가에게 주기 위해 느슨하게 늘어뜨린 것을 표현한 글자로 이해하면 돼.

이완은 쉽게 말해, 느슨한 느낌이야.

현대 중국어에서는 앞서 말한 야리(压力)와 반대로 쓰이는 말이 팡송(放松)이라는 말인데, 보통 발 마사지를 받으러 가면, 안마사분들이 중국어로 '팡송 팡송…'이라고 말하는 것을 들을 수 있어. 쉽게 말해 '힘 좀 빼'라는 뜻이야.

한자적 의미로 정확하게 설명하면, 놓아 주다는 의미의 팡(放)과 헐겁다는 의미의 송(松)이 결합된 단어라 보면 되고.

즉, 이완은 의식의 차원에서 놓아 버림, 받아들임을 의미한다고 볼 수 있고, 육체적 차원에서는 느슨하게 힘을 뺀 느낌이라고 할 수 있어."

노인은 잠시 침묵한 후 다시 말했다.

"노자 역시 긴장과 이완에 대해 이야기했어.

도덕경 76장을 한번 살펴보자고.

* 사람 그것이 태어나면 역시 부드럽고 약한데, 그것이 죽음에 이르면 역시 굳고 단단해(人之生也柔弱, 其死也堅強).

사람이 살아있을 때는 부드럽고 연약하지만, 죽으면 굳고 단단해져.

* 만물 초목 그것이 태어날 때는 역시 부드럽고 연한데, 그것이 죽음에 이르면 역시 시들고 마르게 돼(萬物草木之生也柔脆, 其死也枯槁).

만물 초목 역시도 살아 있을 때는 부드럽고 연약하지만, 죽으면 시들고 말라 버려.

* 그러므로 굳고 단단하다는 것은 죽음, 그것의 무리이고, 부드럽고 연약하다는 것은 삶, 그것의 무리라고 할 수 있어(故堅強者死之徒, 柔弱者生之徒).

그렇기에 굳고 단단한 긴장은 죽음의 카테고리로 분류할 수 있고, 부드럽고 연약함, 이완은 삶의 카테고리로 분류할 수 있다는 거야.

* 이런 까닭에 병사가 강하면 곧 승리할 수 없고, 나무가 강하면 곧 병장기로 쓰이게 되는 것이니(是以兵強則不勝, 木強則兵),

예를 들어, 전쟁에서도 강한 병사는 앞서 싸우다 먼저 죽을 것이기에 승리를 누릴 수 없고, 자연 속 나무도 강한 재질의 나무는 사람에게 베어져 무기로 쓰이게 되어 자신의 생명을 잃게 돼.

* 굳세고 거친 것은 낮은 (수준)에 머무른다는 것이고, 부드럽고 약한 것은 높은 (수준)에 머무른다는 말이야(強大處下 , 柔弱處上).

그렇기 때문에 노자가 보기에 긴장은 몸과 의식의 차원에서도 낮은 차원에 속하는 것이고, 이완이야말로 몸과 의식의 차원에서 높은 차원이라고 분류할 수 있다는 거야."

자연호흡

노인이 잠시 침묵했다. 그리고 다시 말했다.

"이제부터 이야기하는 내용은 자네가 실생활에서 실제로 해보면 아주 많은 도움이 될 거야. 앞에서 말한 내용은 전부 잊어버려도 좋아.

지금부터 하는 이야기를 잘 듣고 실천해 보길 바라.

우선 현재 자네 스스로 긴장하고 있는지 아니면 이완하고 있는지를 한번 살펴봐."

내가 잠시 내 몸을 관찰하고 말했다.

"음…. 조금 긴장하고 있는 것 같습니다."

노인이 말했다.

"그래. 내가 보기에도 자네가 조금 긴장하고 있는 것처럼 보여.
숨을 한번 쉬어 봐. 어디까지 숨이 가는 것 같아?"

내가 말했다.

"글쎄요. 가슴까지 닿는 것 같아요."

노인이 말했다.

"그럼 이제 이렇게 해봐.

우선 오른손 주먹을 가볍게 쥐고, 손을 올려서 자네 자신의 코앞에
가져가 봐."

내가 오른손 주먹을 가볍게 쥐고 주먹 쥔 손은 코앞에 두고 말했다.

"이렇게요?"

노인이 말했다.

"그래 그렇게. 잘했어.

자 이제 눈을 감고 숨을 세 번 쉬고 눈을 떠봐."

내가 말했다.

"네. 와~~ 숨이 배까지 가는데요."

노인이 웃으며 말했다.

"그렇지? 긴장된 몸도 많이 이완되는 것 같지?"

내가 말했다.

"네. 뭔가 생각도 떠오르지 않고 오로지 숨과 제 몸의 감각들에 집중하게 되는 것 같아요."

노인이 말했다.

"그래. 바로 그거야.

알겠어?"

CHAPTER 8

나라는 것

생각은 무엇인가

사(思), **상**(想), **의**(意)

노인이 말했다.

"내가 보기에 자네는 생각이 너무 많은 것 같아. 앞서 '모든 생각은 저항이다.'라는 데이비드 호킨스 박사의 말을 이야기해 준 적이 있어. 그런데 왜 모든 생각을 저항이라고 하는지, 도대체 생각은 무엇인지. 이런 궁금증이 일어날 거야. 이 이야기를 하기에 앞서 한번 물어볼게. 자네는 생각이 대체 뭐라고 생각해?"

내가 잠시 고민을 한 후 말했다.

"음…. 생각에 대해 사실 생각을 해본 적은 없는데, 방금 살짝 고민해 보니 대부분의 생각은 언어로 이루어져 있는 것 같아요. 물론 언어

이외의 것도 있다는 느낌이 드는데…. 잘 모르겠습니다. 의외로 대답하기 쉽지가 않네요."

노인이 웃으며 말했다.

"맞아. 사실 생각은 내가 하는 것이라기보다는 그냥 자기가 알아서 일어나고 사라지는 특징을 가지고 있어. 그래서 훈련되지 않은 마음으로 생각에 대해 생각을 해보려고 하는 시도를 할 때, 또 꼬리에 꼬리를 무는 생각에 빠져들어 아무런 결론에 도달하지 못하는 경우가 많아.

국어사전에서 생각을 뭐라고 하는지 한번 찾아봐."

내가 스마트폰으로 검색한 후 말했다.

"사물을 헤아리고 판단하는 작용이라고 해요. 그리고 어떤 사람이나 일 따위에 대한 기억, 어떤 일을 하고 싶어 하거나 관심을 가짐, 또는 그런 기억을 말한다고 하네요. 더불어 앞으로 일어날 일에 대한 상상, 어떤 일에 대한 의견이나 느낌을 생각에 포함시키고 있어요."

노인이 말했다.

"그래. 그런 것들 모두 생각에 포함된다고 할 거야. 우리는 좀 더 단순화해서 이야기를 해보자고.

인류는 생각이 일어나는 곳은 어디일까에 대한 질문을 던졌고, 아마도 머리에서 일어난다고 느꼈어. 특히 서양은 머리라고 확신하는 편이고, 두뇌에서 생각이 일어난다고 여겼지. 동양은 이와 조금 달라. 생각이 머리에서도 일어나지만 심장에서도 일어난다고 느꼈어. 그래서 글자로 표현했어. 그 글자가 바로 '생각 사(思)'야.

'생각 사(思)'는 '밭 전(田)'자와 '마음 심(心)'자가 결합한 모습이기 때문에, '밭 같은 마음'이라 오해할 수 있는데, 사실 이 글자는 후대에 바뀐 글자이고, '정수리 신(囟)'자가 들어간 '생각할 사(恖)'가 본래 글자야. 옛사람들은 정수리에 기가 통하는 숨구멍이 있다고 생각했어. 그래서 '생각할 사(恖)'자는 머리(囟-정수리)와 마음(心-심장)으로 생각한다는 것을 표현한 글자로 이해하면 쉬워.

즉, 생각은 머리와 마음에서 일어나는 '무엇'으로 정의할 수 있어. 그럼 그 '무엇'에 대해 옛사람들은 어떻게 이해했을까?

생각에 대한 다른 글자로 '생각 상(想)'자와 '생각 의(意)'자가 있어.

'생각 상(想)'은 '서로 상(相)'자와 '마음 심(心)'자가 결합된 모습이야. 다시 '서로 상(相)'자는 '나무 목(木)'자와 '눈 목(目)'자가 결합된 모습으로, 나무를 눈으로 바라보는 모습을 그린 글자야. 즉, 시각으로 인지한 형태를 의미한다고 이해할 수 있어. 그래서 생각을 구성하는 요소 중 '눈으로 본 모든 형태'가 있어.

'생각 의(意)'자는 뜻이라는 의미도 있어. 이 글자를 한 번 살펴보면, '소리 음(音)'자와 '마음 심(心)'자가 결합된 글자인 것을 알 수 있지. 여기서 '소리 음(音)'자는 소리나 말, 음악이라는 뜻을 가진 글자야. '소리 음(音)'자에 말이라는 뜻이 있는 것은 '소리 음(音)'자가 '말씀 언(言)'자와 같은 문자에서 출발했기 때문이라고 해. 참고로 알고 있으면 돼. 그래서 생각을 구성하는 요소 중 '소리-말소리'가 있어. 즉, '귀로 들은 모든 소리'가 있다고 이해하면 좋을 거야."

▌녬(念)

내가 말했다.

"음…. 생각이라는 것은 눈으로 본 모든 형태 그리고 귀로 들은 모든 소리로 이뤄졌다는 말씀인 것 같네요. 그럼 결국 생각은 '이미지와 말소리다.' 이런 말씀이신 거죠? 그리고 궁금한 것이 있는데, 그렇다면 '생각 념(念)'자는 대체 뭘 의미하는 것인가요?"

노인은 내 말을 마치 맛있는 음식을 먹는 것처럼 주의 깊게 듣는 것 같았다. 잠시 동안 침묵한 후 다시 말했다.

"그래. 생각은 간명하게 표현하면 소위 '이미지와 말소리'로 구성된 무엇이야. 자네가 아주 잘 이해했어.

더 쉽게 말하면, 스마트폰으로 비유할 수 있을 것 같아. 생각은 마치 스마트폰 카메라로 찍은 낱장의 사진과 같은 이미지와 스피커를 통해 흘러나오는 소리로 이루어져 있어.

또한 낱장의 사진은 연속적으로 재생되면 동영상이 돼. 사진에는 나무, 새, 건물 등등 형태를 가진 모든 것도 포함될 수 있지만, 글자 역시 형태를 갖춘 것이기 때문에 사진이라고 보아도 무방할 거야.

그래서 생각은 '사진 혹은 동영상, 그리고 소리'라고 이해하면 좋을 듯해.

소리를 좀 더 세분화하면, 말소리(언어), 고양이, 강아지 등의 동물 소리, 음악 소리 등등이 있을 거야. 모두 스마트폰 스피커를 통해 재생될 수 있는 소리들이야. 그중 우리는 '말소리 - 언어'를 가장 많이 떠올리게 되는 거야.

이렇게 스마트폰으로 비유하면 생각이 무엇인지 쉽게 이해할 수 있어."

노인이 말했다.

"자네가 질문한 생각을 의미하는, '생각 념(念)'자는 '이제 금(今)'자와 '마음 심(心)'자가 결합한 글자야. 쉽게 말하면 '현재 그 마음'을 의미해. 즉, '현재 마음 상태에 대한 인식-알아차림'을 뜻해. 그래서 인도에서 불교가 중국으로 전파되며, 빨리어 '사띠(sati)'를 한자 '념(念)'

자로 번역했지. 그래서 '생각 념(念)'자는 현재 마음속에서 일어난 무엇과 그것에 대한 알아차림으로 이해하면 좋을 거야."

내가 말했다.

"그러니까 결국 생각은 '이미지와 말소리'라는 것이고, 현재 마음에서 일어난 것을 알아차리는 것을 사띠(sati)라고 한다는 말씀이신 거군요."

노인이 말했다.

"그래. 생각은 단순하게 보면 '머리 혹은 가슴-思'에서 일어났다 사라지는 '이미지-想와 말소리-意'일 뿐이야.

물론 더 깊이 들어가면, 혀로 맛본 맛, 몸으로 느낀 감촉, 코로 맡은 냄새도 생각에 포함될 수 있지. 그렇지만 대부분 사람들이 생각이라고 여기는 것은 눈으로 본 형태, 귀로 들은 소리가 가장 많은 부분을 차지하고 있다고 보면 돼."

▎모든 생각은 저항이다

내가 말했다.

"생각이 무엇인지는 이제 알겠어요. 그럼 '왜 모든 생각은 저항이다.'라는 말씀을 하신 건가요?"

노인이 말했다.

"생각은 그저 이미지 혹은 소리인데, 그 이미지도 그 소리도 모두 실상은 아니라는 의미야. 실상이 아니라는 말은 쉽게 말하면 허상이라는 말이기도 해.

순우리말로 다시 표현하면, 실상은 진짜 그리고 허상은 가짜라고 이야기할 수 있어.

다시 스마트폰으로 예를 들어 카메라로 찍은 모든 사진들은 실상을 찍은 것이지만 모두 실상은 아니야. 즉 사진은 가짜야. 마치 사랑하는 사람을 카메라로 찍어 사진을 간직할 수 있지만, 그 사진이 사랑하는 사람이 될 수는 없다는 말이야.

마찬가지로 스마트폰 마이크를 통해 실상을 녹음한 모든 소리는 재생할 수 있지만 모두 실상은 아니야. 즉 녹음된 소리는 가짜야. 마치 고양이가 소리 내어 우는 순간에 녹음해서 저장할 수 있지만, 저장된 소리를 재생하는 것이 그 고양이는 아니라는 거야.

그렇지?"

내가 답했다.

"그렇네요. 그저 사진 파일일 뿐이고, 음악 파일일 뿐이죠."

노인이 빙긋 웃으며 말했다.

"우리가 보통 생각을 할 때 사용하는 '말소리-언어'에 대해 한번 이야기를 해줄게.

인간이 언어를 사용하는 것은 아주 위대한 발명이야. 오죽하면 문명이라는 말이 있을까 싶어. 말 그대로 문명이라는 것은 문자로 밝히는 것을 말하고, 언어를 사용하여 지식을 생산하고 무지를 밝혀 앎의 밝음에 도달하는 것을 의미해.

그러나 이런 훌륭한 도구인 인간의 언어는 실상의 대체품이지 실상 그 자체는 아닌 거야. 노자도 이 점에 대해 이야기했어. 도덕경 1장을 읽어보면, 정작 도(道)자는 2번 쓰였고, 명(名)자는 6번 쓰였어. 같은 글자를 6번이나 반복해서 사용한 장은 도덕경 전체 장을 통틀어 보아도 1장이 거의 유일하다고 볼 수 있어. 그만큼 '명(名)-이름, 언어'에 대한 개념을 노자가 아주 중요하게 여겼다는 것을 추측하게 해. 간략하게 내용을 알려 주면, 노자는 도덕경 1장에서 도는 도라고 할 수 있지만 항상 도라는 말로 표현할 필요가 없다 했고, 그것은 마치 어떤 사람 혹은 사물의 이름이 항상 그 이름일 필요도 없다고 했어.

앞에서 이야기했듯 언어는 실상의 대체품이지 실상 그 자체는 아니라는 뜻이야. 그래서 노자는 실상에 대해 언어로 표현하는 것이 사실은 무용하다는 것을, 오히려 침묵을 지키는 것이 더 낫다는 것을 알면서도 어쩔 수 없이 도라는 글자를 써서 실상을 표현해 보려고 했다는 거야."

내가 말했다.

"결론적으로 생각은 대부분 이미지와 말소리로 이루어져 있는데, 이미지는 사진 파일 혹은 동영상 파일 같은 것일 뿐 실상이 아닌 가짜이고, 말소리도 마치 음악 파일처럼 실상이 아니라 가짜인데, 특히 말소리를 이루고 있는 언어 역시도 실상이 아닌 가짜란 말씀이군요. 그래서 모든 생각은 사실 실상이 아닌 가짜일 뿐이란 말씀이신 거죠. 그렇기 때문에 모든 생각은 오히려 실상을 실상으로 느끼게 하지 못하고 현존을 방해하는 일종의 저항이라는 것이군요."

노인이 크게 기뻐하며 말했다.

"그래. 바로 그 말이야."

감정은
무엇인가

오감을 통해 느끼는 실상

노인이 말했다.

"이제부터 감정에 대해 이야기할 거야. 감정은 국어사전적 의미로 '어떤 현상이나 일에 대해 일어나는 마음 혹은 느끼는 기분'이라고 해.

한자로는 감정(感情)이야.

감(感)은 모두, 남김없이라는 의미의 '다 함(咸)'자와 '마음 심(心)'자가 결합된 글자야. 그래서 '모조리 느끼다'는 뜻이야. 여기서 모조리 느끼다는 바로 '오감(五感)을 통해 느낀다'는 의미야.

정(情)은 '마음 심(心)'자와 '푸를 청(靑)'자가 결합한 모습이야. '푸를 청(靑)'자는 '우물 주변에 푸릇한 초목이 자라는 모습'을 그린 글자로 푸르다, 맑다는 의미가 있어. 그래서 정(情)자는 '사람의 마음 중에서도 순수하고 깨끗한 마음'을 의미해.

또한 정(情)자가 워낙 순수함을 의미하기에 진상처럼 거짓 없이 '사실 그대로'라는 뜻으로도 쓰이는 거야. 예를 들어 정보(情報)라는 단어를 들 수 있어.

정리해 보면, 감정은 오감을 통해 느끼는 실상이라 할 수 있어."

노인이 잠시 침묵했다. 그리고 다시 말했다.

"우리가 소위 감정이라고 부르는 것들 중 '화가 난다'는 표현을 예를 들어 보자고.

화가 나면, 크게 두 가지 현상이 일어나. 배 혹은 머리에서 불처럼 뜨거운 감각이 일어나고, 동시에 부정적인 생각이 일어나.

그렇지?

즉, 단순화해서 보면 감정은 감각과 생각으로 이루어져 있다고 할 수 있어.

일전에도 말했지만 감각은 몸에서 일어나는 모든 종류의 느낌을 이야기해.

예를 들면, 뜨겁거나 차갑거나 하는 온도에 대한 느낌, 조이거나 느슨하거나 하는 느낌, 흐르거나 막히거나 하는 느낌, 뭔가 딱딱하게 굳는 느낌, 마치 번개가 번쩍하는 것 같은 찌릿한 느낌 등등이 있어.

그러나 명확하게 언어로 그 느낌에 대해 설명할 수는 없어. 다만 몸에서 일어나는 모든 느낌들은 뜨겁거나 차갑거나 따뜻하거나 하는 온도에 대한 느낌이 있다고 보면 좋아.

생각은 앞서 말했듯 단순화해서 '이미지와 소리-언어'야.

그럼 이제 화난다는 감정에 대해 다시 한번 구체적으로 생각과 감각의 관점으로 살펴보자고.

열기가 후끈한 여름이야. 나는 음식물 쓰레기를 종량제 봉지에 담으려고 해. 그런데 봉지가 선풍기 바람에 날려 음식물이 부엌 바닥에 후드득 떨어진 거야. 심지어 김칫국물이 바닥에 튀고 며칠 전에 산 흰색 명품 옷에 튀었어. 이때 입으로는 격한 말소리를 내뱉고, 마음속에 생각이 일어나. 자책하는 말, 선풍기를 켜놓은 누군가에 대한 비난의 말, 음식물을 남긴 누군가에 대한 경멸의 말, 값비싼 명품 옷을 망쳤다는 절망의 말 등등 생각이 마구잡이로 일어나는 거야.

이때 몸에서 어떤 감각이 일어나는데, 배의 안쪽에서 내장이 꽉 쪼

그라드는 느낌, 정수리에서는 불이 타오르는 듯 아주 뜨거운 열감 같은 느낌이 일어나. 이러한 불쾌한 느낌은 다시 생각을 증폭시켜. 증폭된 부정적 생각은 다시 감각을 증폭시키는 악순환이 시작돼. 입으로 씩씩거리며 숨을 내뱉고, 몸 전체에서 아주 불쾌한 감각이 폭풍처럼 일어나. 우리는 이러한 경험을 화남이라고 말해. 화남이라는 감정은 바로 '부정적 생각+불쾌한 감각'이라 할 수 있어."

생각과 감각

노인이 말했다.

"이번에는 기쁨이라는 감정에 대해 이야기해 보자고. 마찬가지로 생각과 감각의 관점에서 살펴볼 거야.

썸 타던 이성에게 고백했어. 거절당할까 두려운 생각이 일어나고 심장이 빠르게 뛰는 느낌이야. 이때 상대방이 "좋아"하며 나를 바라보고 미소 짓는 거야. 그러면 마음속에서 긍정적 생각들이 일어나고, 입꼬리 근육이 올라가고, 마치 몸 전체가 축제에 참여한 것처럼 미세한 흐름들이 상승하며 퍼져나가는 것 같은 느낌, 가슴이 따뜻해지는 느낌 등 유쾌한 감각이 일어나는 거야.

우리는 이러한 경험을 기쁨이라고 말해. 기쁨이라는 감정은 바로 '긍정적 생각+유쾌한 감각'이라 할 수 있어.

그렇지?"

내가 말했다.

"음. 그러니까 정리하면 감정은 단순화하면 생각과 감각으로 이루어져 있고, 부정적 감정은 부정적 생각과 불쾌한 감각, 긍정적 감정은 긍정적 생각과 유쾌한 감각으로 이루어진다는 말씀이군요?"

노인이 미소 지으며 말했다.

"그래. 바로 그 말이야. 이제부터는 감정을 세세하게 나누어 살펴보자고.

감정의 종류에는 상실감, 무력감, 죄책감, 두려움, 분노, 용기, 포용, 기쁨, 희열, 사랑 등 여러 가지가 있어.

이러한 감정들은 간단하게 부정적 감정과 긍정적 감정 두 가지로 나눌 수 있어. 만약 세 가지로 나눈다면, 긍정도 부정도 아닌 중립적 감정도 포함될 거야.

다시 그 감정을 감각의 차원으로 표현한다면, 부정적 감정은 불쾌한 감각으로 볼 수 있고, 긍정적 감정은 유쾌한 감각이라 할 수 있어. 중립적 감정은 유쾌하지도 불쾌하지도 않은 감각을 말해.

상실감은 어떤 일, 사물, 사람 등을 잃은 감정이야. 잃어버린 것에 대한 생각 그리고 상응하는 감각의 조합이야. 무력감은 어떤 일, 사물, 사람 등에 대해 어찌할 수 없는 것 같은 감정이야. 어찌할 수 없다는 생각 그리고 상응하는 감각의 조합이야. 죄책감, 두려움, 분노도 마찬가지로, 각각에 상응하는 생각과 감각의 조합이야.

이상의 감정들은 소위 부정적 감정이고, 부정적 생각과 불쾌한 감각이 합해진 것이야.

용기는 어떤 일, 사물, 사람 등에 대해 할 수 있다는 자신감을 일으키는 감정이야. 할 수 있다는 생각 그리고 상응하는 감각의 조합이야. 포용, 기쁨, 희열, 사랑 역시 마찬가지로 각각에 상응하는 생각과 감각의 조합으로 이해할 수 있어.

이상의 감정들은 소위 긍정적 감정이고, 긍정적 생각과 유쾌한 감각이 합해진 것이야.

위의 부정적, 긍정적 감정 이외에 중립적 감정은 긍정적이지도 부정적이지도 않은 중립적 생각과 그에 상응하는 유쾌하지도 불쾌하지도 않은 감각의 조합이야."

감각은 무상하다

노인이 말했다.

"감각은 앞서 육체구조 안에서 일어나는 모든 느낌이라 했어.

그래서 육체구조 안에서 일어나는 느낌들의 예로, 불의 속성인 온도감, 물의 속성인 흐르는 느낌 혹은 얼음처럼 굳고 막힌 느낌, 땅의 속성인 견고함과 느슨함, 바람의 속성인 부드러운 순환과 소용돌이침 등으로 분류할 수 있어.

물론 이러한 분류 이외에도 각 속성의 조합에 의해 수백, 수천 종류의 감각이 있을 수 있어. 그렇지만 그것들을 모두 나열하는 것은 우리가 알고자 하는 범위를 벗어난 이야기가 될 거야.

이러한 감각은 모두 무상(無常)하다는 특징이 있어. 이 말은 '어떠한 감각도 영원하지 않고 변한다'는 말이야.

앞서 모기에 물린 경우를 예를 들어 설명해 준 적이 있을 거야.

모기에 물리면, 물리는 그 순간엔 아무런 느낌이 없어. 그러다 물린 자리가 벌겋게 색이 변하며 부풀어 올라. 그러다 잠시 후 가려운 느낌이 시작돼. 그 감각을 아주 자세히 집중해서 관찰해 보면, 가려움이 일어나고 사라지고를 무수히 반복하는 것을 알 수 있어. 더 자세히 관찰하려고 하면 그 감각은 점점 약해지면서, 일어나고 사라지고를 반복하다가 결국엔 모두 사라져. 즉, 감각이 있다, 없다를 엄청난 속도로 반복하다가 결국 사라진다는 말이야. 개인차와 모기에 물린 부위에 따라 다를 수 있지만, 대개의 경우 5분에서 10분을 넘기지 않아. 그러나 만약 이 감각에 대한 저항을 일으킨다면 가려운 감각을 경험하는 시간은 길어질 거야. 이 점은 참고로 알고 있으면 좋아.

다른 예로, 책상에 정강이를 부딪쳤다고 가정해 보자고. 부딪힌 자리는 '지잉지잉~'하며 마치 날카로운 쇠톱으로 긁는 듯한 감각이 일어나. 그 감각에 저항하지 않고 또한 생각을 일으키지 않고, 그저 있는 그대로 관찰하면, '지잉지잉~' 반복적으로 감각이 일어나고 사라지고 하는 것을 알 수 있어.

그렇게 일정 시간을 완전하게 경험한다는 태도로 관찰해 봐. 그럼 그 감각은 어느새 사라져 있을 거야.

감각을 경험하는 시간은 개인차가 있고, 부딪힌 강도 차이도 있을 수 있어. 그러나 그 감각이 결국 사라진다는 점에서는 동일한 경험을 하게 될 거야.

이러한 예들은 수도 없이 들 수 있어. 그러나 만약 자네가 감각의 실상에 대해 딱 한 번만이라도 정확하게 이해한다면, 감각이 무상하다는 앎의 차원에 도달할 거야.

그리고 그 앎은 아마도 자네에게 많은 자유를 선사할 거야."

내가 말했다.

"저도 어느 정도는 알 것 같아요. 아침에 일어나 가끔 무릎에서 찌릿한 감각이 있을 때가 있어요. 그런데 신경 쓰지 않고 그대로 100% 느끼려고 해보니 금세 사라졌어요. 그리고 저번에 말씀하셔서 모기 물리고 나서 한번 실험을 해봤는데, 실제로 5분 정도 만에 가려운 감각이 사라지더라고요. 그래서 신기했어요.

그런데, 지금 감정을 이야기해 주시는 것 아닌가요. 감각에 대한 이야기를 다시 너무 오래 하시는 듯합니다."

감정은 내가 아니야

노인이 웃으며 말했다.

"그래. 자네가 경험적 차원에서 감각의 무상함을 알고 있다니 다행이야.

감정은 반복해서 말하면, 생각과 감각으로 이루어져 있어. 생각은 이미지와 말소리고, 감각은 육체구조 안에서 일어나는 모든 느낌이며, '무상-끊임없이 변화함'의 속성을 가지고 있어.

생각은 앞서 말했듯, 이미지도 가짜, 말소리도 가짜, 즉, 허상이야. 말소리가 귀로 들리는 듯하고, 어떤 이미지가 머릿속에 떠오르는 것 같지만, 그 자체는 실상이 아닌 가짜야.

감각은 무수하게 일어나고 사라지는 몸 느낌을 말해. 그리고 그 감각은 언제나 무상해.

감정은 다시 말하면, '가짜인 생각+무상한 몸 느낌'이야.

그렇기 때문에 감정도 마찬가지로 그저 일어나고 사라지기를 반복하는 실상이 아닌 허상이야. 감정은 인간으로 태어나 삶을 느끼고 즐기게 해주는 훌륭한 도구임이 분명해. 그러나 감정을 제대로 이해하지 않고, 도구인 감정에 끌려다니면, 그것은 아마도 삶을 오히려 제대로 즐길 수 없는 장애가 될 뿐이야.

분노라는 감정은 아무런 문제가 없어.

분노는 나와 상관없이 일어나고, 또 나와 상관없이 사라져. 분노가 생기면 충분히 그 감정을 느끼고, 또 분노가 사라지면 미련 없이 버리면 그뿐이야. 두려움, 절망, 기쁨, 사랑 등등 모든 감정은 아무런 문제가 없어. 또한 나와는 아무런 상관없이 마치 푸른 하늘에 구름이 생기고, 그 구름이 먹구름이 되고, 먹구름은 다시 비가 되어 땅을 적시고, 다시 푸른 하늘이 되고. 이처럼 그저 자연스럽게 일어나고, 자연스럽게 사라지는 거야. 비가 오면 비가 오는 대로, 맑으면 맑은 대로, 눈이 오면 눈이 오는 대로, 바람이 불면 또 바람이 부는 것처럼. 감정도 일어나고 사라지는 거야. 감정이 있는 그 순간의 감정을 있는 그대로 충분히 느끼면 돼."

내가 말했다.

"음…. 그러니까 감정은 생각과 감각의 결합이고, 그렇기 때문에 생각이라는 소리와 이미지, 즉 가짜에 대한 몸 느낌일 뿐이니 있는 그대로 느끼되, 나라는 착각을 일으키지 말고, 집착하거나 혐오하지 말라는 말씀이신 거군요?"

노인이 방긋 웃으며 말했다.

"그래. 바로 그 말이야."

마음은
무엇인가

우리가 진정으로 경험하는 곳

노인이 말했다.

"앞에서도 우리가 경험하는 진정한 경험 장소에 대한 이야기를 했어.

다시 한번 반복해서 이야기하면,

우리의 팔, 다리, 배, 가슴 등 몸은 자신을 경험하지 못해. 팔은 자신이 팔이라는 것을 경험하지 못하고, 손가락은 자신이 손가락이라는 것을 경험하지 못해. 다리 역시 마찬가지야.

그렇다면 손, 발, 팔, 다리는 자신을 어떻게 경험할 수 있을까. 그것은 바로 자신보다 큰 어떤 에너지장에서 경험을 하게 되는 거야. 즉 몸은 오감을 통해서만 경험하게 돼.

　오감은 다섯 가지 감각을 말해. 시각, 청각, 후각, 미각, 촉각을 이야기해. 육체를 경험하게 하는 오감 역시도 자기 자신을 경험하지 못해. 오감 역시 자신보다 큰 어떤 에너지장에서 경험하게 되는 것이야. 그것이 바로 마음이야.

　예를 들어 눈이라는 육체적 요소로 외부 실상을 본다면, 그것은 시신경을 통과하여 후뇌에서 상을 맺게 되며, 마음으로 그것을 알아차려. 즉, 오감을 통해 마음이라는 에너지장에서 본다는 경험을 하게 돼. 육체는 오감을 통해 경험되고, 오감은 마음을 통해 경험된다는 말은 바로 이런 의미야.

　그럼 마음은 어떨까. 마음 역시도 마음 자신을 경험하지 못해. 생각은 자신이 생각임을 경험할 수 없고, 감정은 자신이 감정임을 경험할 수 없어. 또한 상상, 기억 등 마음에서 일어나는 정신적인 작용에 대해서도 마찬가지야. 마음은 그보다 큰 어떤 에너지장에서 경험되는데, 그것이 바로 의식이야.

　그래서 우리가 병원에서 외과 수술을 받을 경우, 마취약을 통해 의식을 경험하지 못하게 하고, 의식이 경험되지 못하니, 마음에서 일어나는 일이 경험되지 못하고, 마음이 경험되지 못하니, 오감을 경험하지 못해. 그래서 오감에서 경험되는 몸을 경험하지 못하게 하는 거야.

그런데 재미있는 사실은 의식 역시도 자기 자신을 경험하지 못해. 의식은 다만 마음에서 일어나는 일을 경험할 뿐 자신을 경험하지는 못한다는 말이야.

그럼 의식은 어떻게 우리가 경험하는 것일까. 호킨스 박사는 의식보다 큰 에너지장, 즉 '자각-깨어있음'을 통해 경험한다고 이야기해.

우리는 자각을 통해 의식을 경험하고 있어. 앞서 설명했지만 의식은 한 번에 한 가지를 경험한다고 했어. 또한 의식은 변화하지 않는 것은 경험하지 못하는 특징도 있다고 했어. 자각은 의식이 경험하고 있는 것을 있는 그대로 알아차리는 역할을 하고 있다고 이해하면 쉬울 거야.

다만 단지 머리로 자각에 대해 어떤 이해를 하고자 하면 곤란해.

우리 스스로 의식 차원에서 일어나는 일들을 관찰하다 보면, 항상 변함없이 존재하는 관찰자가 있다는 것을 발견할 거야. 즉, 우리 자신이 의식이 있음을 알고 있는 그것 말이야. 그것을 소위 자각이라고 한다는 정도로 이해하고 실상에서 스스로 경험해 보길 바라.

이 이야기는 여기까지 하고, 다시 마음은 무엇인가에 대한 이야기를 해보자고."

기억

노인이 눈을 감고 잠시 침묵한 후 눈을 천천히 뜨며 말했다.

"자각과 의식에 대한 이야기는 추후 다시 해보기로 하고 오늘은 마음에 대해 집중적으로 살펴볼 거야.

앞서 마음은 오감을 경험하게 해주는 어떤 에너지장이라고 했고, 오감은 몸을 경험하게 해주는 어떤 에너지장이라 했어.

그럼 마음 안에 포함되어 있는 것 중 다섯 가지 감각이 있다는 것을 쉽게 이해할 수 있어. 다섯 가지 감각은 안이비설신(眼耳鼻舌身)의 몸인 물질적 요소를 통해, 시청후미촉(視听嗅味触)의 오감인 정신적 요소를 경험하는 것을 이야기해. 쉽게 말해 눈코귀혀몸으로 시각 · 청각 · 후각 · 미각 · 촉각 두 가지가 대응하며 함께 결합하여 마음속에서 경험된다는 말이야. 그래서 마음에서 일어나는 생각, 감정, 기억, 상상, 회상 등은 모두 다섯 가지 감각 기관과 연관되어 있다고 보면 돼.

앞서 생각은 대부분 이미지와 말소리로 구성되어 있다고 말했어. 감정은 단순화하면 생각과 몸 느낌으로 구성되어 있다고도 이야기했어.

기억은 오감을 통해 경험한 것과 생각, 감정에 영향을 받아 경험된 것으로 구성되어 있는데 아주 단순화한다면, 이미지, 소리, 몸 느낌이라 할 수 있어.

다시 말해 기억은 사실 '생각+감정'이라고 볼 수 있어.

큰 감정적 동요가 없는 경험은 사실 잘 기억되지 않은 것을 떠올려 보면 이해하기 쉬울 거야. 진실로 강렬한 감정 경험은 우리에게 각인되기 쉽고 반복적으로 떠오르게 돼. 그것을 소위 마음의 상처라고 사람들은 표현하기도 해.

컴퓨터를 예로 들어 표현하면 더욱 이해하기 쉬울 거야. 하드디스크를 마음이라고 가정해 보자고. 하드디스크에는 온갖 프로그램들이 저장되어 있어. 그 프로그램들을 생각, 감정, 상상, 회상 등으로 여길 수 있겠지. 그런데 그 프로그램 파일들을 잘 살펴보면 결국 이미지, 소리(언어)로 볼 수 있을 거야. 컴퓨터 구성장치 중 센서(감응 장치)를 아마도 몸 느낌으로 대치해서 생각해 볼 수 있을 것이고 말이야.

최근 스마트폰이 발전해서 기억이 무엇인가 비유한다면 아주 단순화해서 사진 파일, 음악 파일로 볼 수 있고, 그것은 결국 두 가지가 함께 있는 동영상 파일이라고도 할 수도 있을 거야.

다만 스마트폰과 컴퓨터는 몸 느낌(미각, 후각, 촉각)을 표현하기는 어려워. 그러나 인류 발전은 결국 우리가 의식을 통해 내면에서 경험하는 것을 외부 현실로 표현해 내는 방향으로 진행되기에 현재 가상현실 관련 산업이 발전하면 아마도 근시일 내에 다른 것들도 모두 표현해 낼 것으로 예상할 수 있어. 물론 이미 촉각에 대한 부분은 일종의 진동 센서로 표현해 내고 있고 말이야.

여담으로 기억은 시각, 청각, 후각, 미각, 촉각 다섯 가지 감각적 요소가 모두 포함되어 있는데, 그중 '미각-혀의 기억'은 아주 강렬하다고 할 수 있어. 그래서 우리가 먹는 음식 맛에 익숙한 기억이 있기 때문에 타지에 가거나 외국 생활을 하게 되면, 혀의 기억 때문에 입맛에 맞지 않아 고생하게 되는 거야.

허허허.

물론 각자의 개성에 따라 청각적 기억, 후각적 기억, 시각적 기억, 촉각적 기억이 더 발달한 사람들로 있긴 하니 개인차가 있다고도 볼 수 있겠지."

▌마음이 운동장이라면

노인이 말했다.

"마음은 간략하게 생각, 감정, 기억, 상상, 회상 등으로 구성되어 있다고 볼 수 있어. 대부분, 생각은 이미지와 소리로, 감정은 생각과 몸 느낌으로, 기억은 생각과 감정으로 구성되어 있고, 상상, 회상은 미래 혹은 과거라는 시간이라는 개념을 포함하고 있지만 결국 단순화하면, 이미지, 소리(언어), 몸 느낌으로 구성된 것으로 볼 수 있어.

호킨스 박사의 간명한 표현처럼, 마음은 오감을, 오감은 몸을 경험

하게 하는 에너지장이야. 그래서 마음은 오감과 몸을 경험하는 곳으로 이해해도 좋을 거야

마음이 작동하는 방식, 마음에서 일어나는 일에 대한 구체적 내용은 추후 의식에 대해 이야기할 때 다시 한번 이야기할게.

우선은 좀 더 깊이 있게 '마음은 무엇인가?'에 대해 살펴보자고."

내가 말했다.

"그러니까 마음은 결국 생각, 감정, 기억으로 구성되어 있고, 생각은 단순화하면 이미지와 말소리의 조합이고, 감정은 생각과 몸 감각의 조합, 기억은 생각과 감정의 조합일 뿐이라는 말씀인 거죠. 그렇기에 마음은 단순화하면, 이미지, 소리(언어), 몸 감각으로 구성되었다는 말씀인 거군요."

노인이 웃으며 말했다.

"요즘 자네가 말귀를 참 잘 알아듣는 것 같아 흐뭇하네. 허허허.

더욱 쉽게 이해하기 위해 마음을 운동장이라고 가정해 보자고.

마음이라는 운동장에 아이들이 뛰어놀고 있어.

운동장 위쪽에 이미지라는 이름의 아이와 그 동생들 초록, 빨강, 파랑 등등 색색(色色) 명찰을 달고 있는 아이들과 세모, 네모 등 형형(形形) 명찰을 달고 있는 아이들이 뛰놀고 있어.

운동장 오른쪽과 왼쪽에는 소리라는 이름의 아이, 그 동생들 말소리, 새소리, 악기 소리 등등 명찰을 단 아이들이 뛰어놀아.

운동장의 깊숙한 구덩이 속에서 맛이라는 이름의 아이와 그 동생들, 짠맛, 단맛, 신맛 등등 명찰을 단 아이들이 뛰어놀고, 운동장에 톡 튀어나온 동산에는 냄새라는 이름의 아이와 그 동생들, 꽃냄새, 풀냄새 등 향기라는 명찰을 달았고, 어떤 아이들은 고양이 똥 냄새, 소똥 냄새 등 악취라는 명찰을 달고 달리기 놀이를 하고 있어.

그리고 운동장 아래쪽부터 끝까지에는 몸 느낌이라는 아이와 그 동생들인 가려움, 찌릿찌릿, 무거움, 상쾌함 등등 아이들이 뛰어놀아.

그런데 아이들이 뛰놀 때 자네도 잘 알다시피 이쪽저쪽 사방팔방으로 마구 뛰어놀잖아. 그렇게 이 아이들은 제멋대로 즐겁게 뛰어놀고 있는 거야.

그런데 이 아이들 중 과연 어떤 아이를 자네 혹은 나라고 할 수 있을까. 나라는 이름의 아이가 있는지 한번 찾아보게나.

허허허."

의식은
무엇인가

의식은 영화관 스크린 같아

노인이 말했다.

"앞서 마음에 대해 이야기했어. 이제부터 마음을 경험하는 일종의 에너지장인 의식에 대해 살펴볼 거야. 우리는 분명코 의식을 통해 마음을 경험하고 있어. 의식이 없다면 당연히 마음을 경험할 수 없겠지.

의식으로 마음을 관찰하면, 마음은 항상 변화하고 있다는 것을 알 수 있어. 그렇다면 이 마음은 어떻게 작동하며 항상 변화하고 있는 것일까?

앞서 마음을 운동장에 놀고 있는 아이들로 비유하여 설명했는데, 이미지, 말소리, 냄새, 맛, 몸 느낌들이 마구 뛰어놀고 있다고 했어. 그것을 다시 세분화하면, 색상, 형태, 언어, 새소리, 음악, 향기, 악취, 짠맛, 단맛, 신맛, 가려움, 딱딱함, 부드러움 등등이라고 말했어.

이 아이들이 제멋대로 뛰어다니며 놀고 있는 거야. 서로 부딪치기도 하고, 한 아이가 주야장천 자리를 잡고 있기도 하고, 잠깐 있다 사라지기도 해. 그런데 재밌는 사실은 이 아이들은 통제가 불가하다는 거야.

생각이 나타나고 사라지는 것. 감정이 생겨나고 사라지는 것. 몸의 감각이 나타나고 사라지는 것. 모두 통제 불가라는 말이야. 물론 억지로 잠시 억누르는 것은 가능하지만, 마치 용수철처럼 다시 튀어나와. 아마 자네도 실생활에서 이런 점에 대해 많은 경험을 했을 거야.

또한 마음이라는 운동장에서 자유롭게 뛰어놀고 있는 아이들 중 나라는 아이를 찾으려 해도 찾을 수가 없을 거야.

왜냐하면 그 아이들은 그저 오감을 통해 반응하며 무수히 생멸(生滅)하는 것일 뿐, 나라고 부를 수 있는 무엇은 없기 때문이야. 그래서 수많은 현자들이 '마음은 내가 아니다.'라고 말한 거야. 우리는 마음을 가지고 있고, 마음은 나의 것이라 주장할 수는 있어. 그렇지만 마음이 곧 나라고는 할 수 없는 거야."

노인이 잠시 침묵한 후 다시 말했다.

"자네, 영화관 자주 가나?"

내가 말했다.

"그럼요. 제가 얼마나 영화를 좋아하는데요."

노인이 말했다.

"영화관에 가면, 영화 시작 전에 하얀 스크린만 보이잖아. 그러다 영화가 시작하면, 영사기를 통해 화면이 스크린에 비춰. 더불어 영화관 스피커를 통해 소리가 흘러나오기 시작해. 그렇지?"

내가 시큰둥한 목소리로 말했다.

"네. 당연하죠. 그런데 영화관이랑 의식이랑 무슨 관계가 있나요?"

노인이 껄껄 웃으며 말했다.

"수많은 현자들이 의식을 영화관 스크린에 비유했어. 스크린은 마치 우리 의식처럼 변함없이 존재해. 그저 영사기를 통해 투영된 화면, 즉 우리 마음을 되비쳐 줄 뿐인 거야. 무한한 의식의 에너지장은 마치 무한한 크기의 영화관 스크린과 같아. 어떤 흠도, 흔적도, 경계도 없이 존재해. 영사된 화면과 스피커 소리와 같은 생각, 감정, 기억, 상상 등 어떤 마음작용도 그저 비추어 줄 뿐이야.

좀 더 쉽게 예를 들어 볼게.

생각이 일어났어. '밥 먹어야 하는데 돈이 얼마 있지? 아차! 지금 수중에 돈이 하나도 없는데. 월급날 되려면 아직 한참인데….'라며 마음속에서 말소리가 들리는 것을 의식을 통해 경험해. 그리고 그 말소리가 사라지면 의식은 침묵 상태로 돌아와.

감정이 일어났어. 불쾌한 몸 감각과 더불어, "아씨! 짜증 나!, 맨날 왜 이렇게 쪼들리지?"라는 말소리가 생겼어. 의식은 이러한 몸 감각과 말소리를 경험하게 돼. 그리고 그 몸 감각과 말소리가 사라지면 의식은 침묵 상태로 돌아와.

이렇게 마음작용 중 생각, 감정, 상상, 기억 등이 의식의 무한한 에너지장에서 일어나면, 의식은 그것을 있는 그대로 되비추어 경험하게 돼. 또한 마음작용이 사라지면 의식은 침묵, 아무것도 없음 상태로 돌아오는 거야.

마치 영화관에서 영화가 끝나면 스크린 빈 화면만 남는 것처럼.

알겠어?"

마음이 작동하는 방식에 대해 1

노인이 말했다.

"긴장과 이완을 설명하는 과정에서 불교적 관점에서 본 마음의 작동 방식에 대해 말했는데, 이번 기회에 좀 더 구체적으로 마음이 작동하는 방식에 대해 이야기해 볼게.

첫 단계로 인지(認知)라는 측면이 있어. 인지라는 것은 '눈코귀입몸'을 통해 있는 그대로 인식(認識)하는 거야. 인지라는 것을 구체적으로 설명하면, 눈으로 본다면 그저 보는 거야. 코로 냄새 맡는다면 그저 냄새 맡는 거야. 귀로 소리를 있는 그대로 듣는 거야. 혀로 맛 그 자체를 맛보는 거야. 몸의 촉감이라면, 촉감을 있는 그대로 느끼는 거야.

마치 창문이나 거울 같은 것. 있는 그대로를 비추어 주는 것. 어떤 대상을 인식해서 있는 그대로 아는 것. 이것이 바로 마음작용 중 첫 단계인 '인지'라는 거야.

두 번째 단계로 판별(判別)이라는 측면이 있어. 판별은 말 그대로-옳고 그름이나 좋고 나쁨을 판단하여 구별하는 것을 말해. 즉 마음이 '가치판단'을 하는 측면이야.

예를 들어 눈으로 두 그루의 나무를 보았어. 우리는 이 나무와 저 나무가 다르다는 것을 인지하고, 가치판단을 바로 내리게 돼. 같은 종류

나무지만 이쁘다 혹은 못생겼다 등 순식간에 판단을 내리는 거야.

또 다른 예로 어떤 사람을 본 후 잘생겼다, 못생겼다, 호감이 간다, 좋다, 싫다 등 판단하고 구별하는 거야.

세 번째 단계로 감수(感受)라는 측면이 있어. 감수는 외부와 내부 자극을 감각 신경으로 받아들이는 것을 이야기해. 쉽게 말해 피부 표면을 포함해서 몸 내부까지 육체구조를 통해 느껴지는 모든 감각(感覺)이라 이해하면 돼. 더 간단하게 말하면 '몸 느낌'이라 이해하면 좋아.

몸 느낌에는 크게 세 가지가 있어. 하나는 유쾌한 느낌, 그리고 불쾌한 느낌, 마지막으로 유쾌하지도 불쾌하지도 않은 중립적인 느낌이야.

예를 들어 월급이 통장에 입금됐어. 인지한 순간 '좋다'고 판별하고, 그 순간 몸에서는 어떤 유쾌한 감각이 일어나. 그런데 통장에서 바로 공과금, 학자금대출, 보험 등등 비용들이 자동으로 쏙 하고 빠져나가. 이것을 보자마자 '아! 짜증 나.'하며 판별하고, 그 순간 몸에서는 어떤 불쾌한 감각이 일어나는 거야. 이렇게 우리 마음이 어떤 것을 '좋다'고 판단하는 순간 몸은 '유쾌한 감각'을 일으키고, 어떤 것을 '싫다'고 판단하는 순간 몸은 '불쾌한 감각'을 일으켜.

네 번째 단계로 반응(反應)이라는 측면이 있어. 반응은 말 그대로 자극이나 작용에 대응하여 일어나는 현상을 말해. 앞서 감수 단계에서 느끼게 된 감각에 대해 반응한다는 뜻으로 이해하면 좋아.

정리하면, 유쾌한 감각은 더 느끼고 싶어 해. 이것도 반응이고. 불쾌한 감각은 느끼고 싶지 않아 해. 이것 역시 반응이야.

예를 들어 사랑하는 사람이 술에 흠뻑 취해서 집에 들어왔다고 가정해 보자고. 술 냄새가 나. 그 술 냄새를 맡는 동시에 자신이 어린 시절 아빠 혹은 할아버지가 술에 취해 집에 들어와 풍기던 기억을 떠올리게 돼. 그 당시 아빠는 술에 취하면 엄마에게 폭력을 휘두르곤 했던 거야. 할아버지 역시 만취하면 할머니에게 폭력을. 그래서 술 냄새는 곧 그 사람에게 두려움과 공포 그리고 불쾌감을 의미했던 거야. 수십 년이 지난 지금도 술 냄새만 맡으면 불쾌한 기분이 들고, 판별에 의해 술 냄새는 '싫다'고 느끼면서 과거 그 기억을 떠올리게 돼. 동시에 몸에서 장이 꼬이는 느낌. 머리가 뜨거워지는 느낌 등 불쾌한 감각이 일어나기 시작해. 불쾌한 감각은 부정적 생각을 일으키는 반응과 동시에 입으로 "아이씨."하며 말하는 반응을 일으켜. 이러한 과정은 순식간에 일어나는데, 거의 무의식적으로 일어난다고 볼 수 있어. 마치 자동기계장치처럼. 마치 컴퓨터 알고리즘처럼.

다른 예로 유튜브를 본다고 가정해 보자고. 자기 취향의 유튜브를 봤어. '재밌다'는 판별과 동시에 몸에서 들뜬 것 같고, 가슴이 뻥 뚫리는 것 같은 유쾌한 감각이 일어나. 그래서 계속 연관된 유튜브를 찾아보게 돼. 한편이 끝나면 또 다른 편을 찾아보고, 또 다른 편을 찾아보다 주말 내내 유튜브를 10시간, 12시간 동안 보고 있는 행동 반응을 일으키는 거야. 마치 유쾌한 감각에, 재밌다는 판별을 영원히 지속시킬 수 있다고 믿는 것처럼. 그러나 아무리 강한 자극도 일정 시간이 지나면 무뎌지고 갈망은 채워지지가 않아. 채워지지 않은 갈망은 괴로움으로 변하며 결국 고통과 다름없게 돼. 그럼 또다시 유쾌한 감각을 갈망하면서 위 과정을 반복하게 되는 거야. 마치 자동기계장치처럼. 마치 컴퓨터 알고리즘처럼."

▌마음이 작동하는 방식에 대해 2

내가 말했다.

"음…. 그러니까 마음은 '인지, 판별, 감수, 반응'으로 작동한다는 말씀이네요. 이 과정이 부지불식간에 일어나는 것이고요. 한마디로 말해 무의식중에 이 과정이 일어나고, 그에 대한 반응으로 생각, 행동 등을 하게 된다는 거군요."

노인이 말했다.

"그래. 바로 그거야. 우리 마음은 마치 자동기계장치 같아. 이 일련의 과정은 부지불식간에 일어나. 또한 엄청난 속도로 반복돼.

눈으로 인지. 사람. 여자. 남자. 구별 판별. 좋다. 싫다. 감수. 유쾌한 감각, 불쾌한 감각. 반응. 더 보고 싶다. 보기 싫다. 고개를 돌린다. 눈을 크게 뜨고 멍하게 바라본다.

코로 인지. 냄새. 향기. 악취. 구별 판별. 좋다. 싫다. 감수. 유쾌한 감각, 불쾌한 감각. 반응. 더 맡고 싶다. 맡고 싶지 않다. 코를 막는다. 숨을 크게 들이마시며 향기를 더 느낀다.

혀로 인지. 맛. 단맛. 쓴맛. 구별 판별. 맛있다. 맛없다. 감수. 유쾌한 감각, 불쾌한 감각. 반응. 더 맛보고 싶다. 더 먹고 싶지 않다. 입을 다문다. 더 많이 입에 넣고 오물거리며 맛을 느낀다.

귀로 인지. 소리. 멜로디. 소음. 구별 판별. 듣기 좋다. 듣기 싫다. 감수. 유쾌한 감각, 불쾌한 감각. 반응. 더 듣고 싶다. 듣고 싶지 않다. 귀를 막는다. 귀를 쫑긋하고 소리 나는 곳에 집중한다.

몸으로 인지. 몸 느낌. 희열. 통증. 구별 판별. 좋다. 싫다. 감수. 유쾌한 감각, 불쾌한 감각. 반응. 더 느끼고 싶다. 느끼고 싶지 않다. 진통제를 먹는다. 더 느끼기 위해 몸의 촉감에 더 집중한다.

이렇게 오감을 통해 인지하고, 판별하고, 감수를 통해 몸 느낌을 느끼고, 그것이 유쾌한 혹은 불쾌한 감각 여부에 따라 갈망 혹은 혐오로 반응하게 돼."

노인은 잠시 눈을 감고 침묵한 후 눈을 뜨며 말했다.

"노자는 이러한 우리 마음의 특징에 대해 도덕경 12장을 통해 힌트를 남겨 두었어.

* 오색이 사람으로 하여금 눈을 멀게 하고(五色令人目盲),

눈의 대상이 되는 여러 종류의 빛깔. 볼거리. 화려한 네온사인 상점들. 이러한 대상에 대해 좋다 혹은 나쁘다 판별하고, 유쾌하거나 불쾌한 감각적 폭풍이 일어나고, 그에 자동반사적으로 갈망 혹은 혐오로 반응하는 것이 마치 사람의 눈을 멀게 하는 것 같아. 왜냐하면 대상을 있는 그대로 볼 수 없게 만드니까.

* 오음이 사람으로 하여금 귀를 못 듣게 하며(五音令人耳聾),

귀의 대상이 되는 여러 종류의 소리. 음악. 소음. 마음을 동요하게 하는 선율들. 이러한 대상에 대해 좋다 혹은 나쁘다 판별하고, 유쾌하거나 불쾌한 감각적 폭풍이 일어나고, 그에 자동반사적으로 갈망 혹은 혐오로 반응하는 것이 마치 사람의 귀를 먹게 하는 것 같아. 왜냐하면 대상을 있는 그대로 듣지 못하게 만드니까.

* 오미가 사람으로 하여금 입을 손상시킨다(五味令人口爽).

혀의 대상이 되는 여러 종류의 맛. 음식. 단맛, 쓴맛, 짠맛, 신맛, 매운맛. 이러한 대상에 대해 맛있다 혹은 맛없다 판별하고, 유쾌하거나 불쾌한 감각적 폭풍이 일어나고, 그에 대해 자동반사적으로 갈망 혹은 혐오로 반응하는 것이 마치 사람의 입을 상하게 하는 것 같아. 왜냐하면 대상을 있는 그대로 맛보지 못하게 만드니까.

* 말 달려 질주하며 사냥하는 것은 사람의 마음으로 하여금 발광하게 하며, 어렵게 얻게 되는 보물은 사람의 행실로 하여금 장애를 만들게 된다(馳騁畋獵令人心發狂 , 難得之貨令人行妨).

육체의 감각적 욕망을 충족하기 위해 말을 타고, 질주하고 더불어 몸에서 일어나는 어떤 쾌감을 느끼기 위해 살아있는 동물을 사냥하는 행위. 이러한 것은 그 감각을 더욱더 강하게 느끼고 싶어 하는 갈망을 일으켜. 채워지지 않는 이 쾌감은 결국 사람으로 하여금 발광-미치게 만들게 돼.

비싸고 구하기 어려운 물건. 물건 자체는 아무런 문제가 없어. 다만 끊임없는 소유에 대한 갈망. 귀한 물건이 있다는 자만심. 이러한 것들은 '난 남들보다 고귀하다'는 에고적 망상을 일으키기 충분해. 이러한 소유에 대한 갈망은 채워지지 않고 또 다른 소유에 대한 갈망을 지속적으로 일으키니 사람의 행실에 마치 장애를 만드는 것과 같아.

* 이런 까닭에 성인은 배를 (중요하게 여기지)위하지, 눈을 (중요하게 여기지)위하지 않는다. 그러므로 저것을 버리고, 이것을 취하는 것이다(是以聖人為腹不為目 , 故去彼取此).

이런 까닭에 소위 현자는 실상 그 자체를 있는 그대로 보고, 냄새 맡고, 맛보고, 듣고, 느낄 뿐이야.

그것에 대해 판별하거나, 유쾌하거나 불쾌한 감각을 일으켜, 갈망과 혐오로 반응하지 않아.

그저 마음의 본래면목인 '침묵-평정심'으로 온전히 그 순간, 그 자리에 존재할 뿐이란 거야.

알겠어?"

CHAPTER 9

수행의
성취

노인이 말했다.

"오늘은 소위 도(道)를 체득하면 어떤 모습인지 한번 살펴보도록 할 거야.

'수행을 성취하면 어떤 사람이 되는 것일까?'

이 질문이 어찌 보면 노자의 명상법을 이야기하는 과정에서 가장 중요한 질문일 수 있어. 왜 우리는 노자가 말하는 '덕'을 쌓아야 하고, '내면의 관찰'을 수행해야 하는지에 대한 의문에 어느 정도 해답을 줄 수 있기 때문이야.

이 점에 대해 노자는 도덕경 전반을 통해, 도를 체득한 사람의 모습을 묘사하여 그 대답을 대신하고 있어.

도덕경 1장부터 81장까지 총 29번에 걸쳐서 성인(聖人)이라는 단어가 등장해. 29번의 각기 다른 표현 방식을 통해 노자가 말하는 깨달은 사람은 어떤 상태 혹은 어떤 모습인지를 유추해 볼 수 있어.

이제부터 중복되는 내용을 제외하고 도덕경에서 거듭 표현한 성인(聖人) 소위 '깨달은 사람'에 대해 이야기해 볼게.

* **성인**(깨달은 사람)**은 무위**(에고 없이 행함), **그것을** (바탕으로)**일을 함에 거처하고, 말 없는**(침묵) **가르침을 행하며, 만물을 만들어 내지만 말하지 않고, 살지만 소유하지 않으며, 해내지만 자랑하지 않으며, 공과를 이루지만 머무르지 않아**(聖人處無爲之事, 行不言之敎, 萬物作焉而不辭, 生而不有, 爲而不恃, 功成而弗居).

도덕경 2장에서 처음 깨달은 사람에 대한 묘사가 나와. 도덕경 전체에서 비슷한 맥락으로 깨달은 사람에 대해 이야기하고 있기 때문에 주의 깊게 잘 살펴보는 것이 좋아.

깨달은 사람은 무위지사(無爲之事)에 머문다고 해. 우선 무위(無爲)라는 개념에 대해 이야기할게. 어찌 보면 도덕경에서 가장 난해한 단어 중 하나일 수 있고, 논란의 여지가 많은 단어야. 무(無)는 '없다'는 의미가 있고, 위(爲)는 '하다'는 뜻이 있어. 그래서 단어를 직접적으로 풀어보면, '없이 한다', '함이 없다'는 두 가지 의미가 가장 근본적인 풀이가 돼. 그런데 만약 무위를 '함이 없다'고 본다면, '아무것도 안 한다'는 의미가 강해. 그렇다면 문장의 뜻은 '깨달은 사람은 아무것도 안 함을 일삼는 것에 머문다'는 의미가 돼. 그런데 '아무것도 안 하는 것을 일삼는다'는 말은 논리적으로 말이 안 돼.

또한 도덕경 37장에 노자는 '**도상무위이무불위**(道常無爲而無不爲)'라는 단서를 남겨 두었어.

이 문장을 통해 무위(無爲)와 불위(不爲)는 다른 의미라는 것을 알 수 있어. 즉, 불위는 '하지 않음 혹은 되지 않음'의 의미로 명확해지고, 그에 반해 무위는 '하지 않음 혹은 되지 않음의 의미가 아니라는 것'이야. 문장을 직역하면, '무위로 하면 되지 않는 것이 없다'로 볼 수 있어.

그렇기 때문에 무위(無爲)는 '없이 한다'라는 의미로 보는 것이 타당해. 그럼 '없이 한다'라는 의미로 문장을 한번 풀어 볼게. '깨달은 사람은 ~없이 하는 것을 일삼는다'라는 문장이 될 거야. 또한 이것을 근거로 37장의 문장을 풀어 보면, '~없이 하면, 되지 않는 것이 없다'로 명료해져.

그럼 대체 '~'이 없다는 말일까?

우선 우리는 동양적 사고방식에 대해 이해할 필요가 있어. 고대로부터 동양에서 '나'는 그렇게 중요한 개념이 아니었어. 오히려 '우리'라는 공동체 의식이 보다 중요하게 여겨졌을 것이라 볼 수 있어. 당연히 언어적, 관습적으로 '나'를 굳이 강조해서 문장을 쓰지는 않아. 예

더 웨이

를 들어, 논어 학이편에 '유붕이자원방래 불역락호(有朋自遠方來 不亦樂乎)'라는 문장을 보자고. '벗이 있어 먼 곳에서 찾아오니 이 또한 기쁘지 아니한가!'라는 의미야. 이렇게 동양의 언어는 '나'를 강조하지 않는 특징이 있어. 멀리서 벗이 찾아오는 거야. 그럼 기쁜 거야. 먼 곳에서 온 친구를 만난 '나'도 기쁘고, '나'를 찾아온 그 '친구'도 기쁠 거야. 기쁨은 본디 공명하니까.

그래서 '~'은 행위의 주체 즉, '나'라는 것이 없다는 거야. 스스로 그러한 것이지, 그것을 하는 주체가 없다는 말이야. 불교에서 말하는 무아와 일맥상통하는 이야기라 이해하면 돼. 이것을 근거로 다시 도상무위이무불위(道常無爲而無不爲)를 해석하면, '도는 항상 나라는 주체 없이, 에고 없이 행하기 때문에, 되지 않는 것이 없다'는 의미로 볼 수 있어. 고대 동양적 언어습관이 아닌 현대사회 언어습관에 맞게 무위(無爲)를 무아위(無我爲)로 치환하면 이처럼 문장의 뜻이 보다 명료해져.

그럼 다시 노자가 도덕경에 깨달은 사람에 대해 어떻게 묘사했는지 살펴보자고.

도덕경 3장에,

* **이러한 까닭에 성인**(깨달은 사람)**의 다스림은, 그 마음**(에고적 신념체계, 기억)**을 비우고, 그 배**(실제적)**를 채우며, 그 뜻**(에고적 의도)**은 약하게 하되, 그 뼈는 강하게 하는 거야**(是以聖人之治 . 虛其心 . 實其腹 . 弱其志 . 強其骨).

2장에서와 비슷한 맥락으로 깨달은 사람은 에고가 없기에, 개념이 아닌 실상 즉 '마음'이 아닌 '배'를 채운다는 거야. 또한 어떤 '개념'을 추구하는 것을 약하게(덜) 하고, 오히려 몸을 이루는 기둥이라 할 수 있는 뼈를 강하게(더 중시) 한다는 비유로 이야기하고 있어.

도덕경 5장에서는,

* **천지는 어질지 않아. 만물을 풀강아지**(제사에 쓰고 버리는 짚으로 만든 강아지)**로 여겨**(天地不仁 , 以萬物爲芻狗).

* **성인**(깨달은 사람)**도 어질지 않아. 백성을 풀강아지**(제사에 쓰고 버리는 짚으로 만든 강아지)**로 여기니 말이야**(聖人不仁 , 以百姓爲芻狗).

하늘과 땅은 무심하고, 세상 만물에 어떤 의미를 두지 않는다는 거야. 깨달은 사람 역시 하늘과 땅처럼 '에고적 분별, 차별을 하지 않는다'는 의미로 이해하면 좋아.

도덕경 12장에,

* **이런 까닭에 성인은 배를** (중요하게 여기지)**위하지, 눈을** (중요하게 여기지)**위하지 않아. 그러므로 저것을 버리고, 이것을 취한다는 거야** (是以聖人爲腹不爲目 , 故去彼取此).

3장에서 말한 것과 같은 맥락의 이야기로, 깨달은 사람은 눈을 즐겁게 하는 화려한 것을 추구하지 않고, 실상인 '배'를 오히려 중요하게 여긴다는 의미야.

또한 앞 장에서 부연했지만, 깨달은 이는 있는 그대로 그 순간에 현존한다는 의미로 이해할 수 있어.

도덕경 22장에,

* 이러한 까닭에 성인은 '하나'를 안아, 천하의 법칙으로 삼는 거야. 스스로를 내보이려 하지 않으니, 그런 까닭에 밝게 되고, 스스로를 옳다 여기지 않으니, 그런 까닭에 드러나고, 스스로를 내세우지 않으니, 그런 까닭에 공이 있게 돼, 스스로를 자랑하지 않으니, 그런 까닭에 오래갈 수 있어. 무릇 오직 다투지 않으니, 그런 까닭에 천하에 더불어 다툴 (자)것이 없어(是以聖人抱一爲天下式, 不自見, 故明, 不自是, 故彰, 不自伐, 故有功, 不自矜, 故長, 夫唯不爭, 故天下莫能與之爭).

도덕경 2장의 내용과 일맥상통하는 내용으로 깨달은 사람은 에고가 사라져 '나'를 내세우지 않기에 오히려 사람들 사이에서 마치 밝게 빛나는 듯하고, 스스로 옳다고 여기지 않기에 오히려 드러나게 되며, '나'라는 것이 없기에 공이 있어도 자신의 공이라 주장하지 않으니, 오히려 오래갈 수 있고, 마찬가지로 이미 '나'가 없기에 다툼 자체가 사라지고, 그런 이유로 온 세상 누구와도 다툴 필요가 없다는 의미야.

도덕경 27장에,

* **이러한 까닭에 성인**(깨달은 사람)**은 항상 사람을 잘 구하기에, 그러므로 버려지는 사람이 없어. 항상 사물을 잘 구하기에, 그러므로 버려지는 사물이 없어**(是以聖人常善救人, 故無棄人, 常善救物, 故無棄物).

만약 소위 깨달은 사람이 다른 사람을 위하지 않는다면, 아직 '나'라는 에고에서 벗어나지 못한 것이고 그렇다면 그 사람은 깨달았다고 착각했을 뿐 진실로 깨달은 것이 아니야. 아마도 미묘한 에고에서 벗어나지 못했다고 봐야 할 거야.

진실로 깨달은 사람은 나와 너의 구별, 이것과 저것의 구별 없이 있는 그대로 그 순간 존재하기에 타인도, 내가 아닌 무엇도 없어. 그렇기에 버려지는 사람이 없고, 버려지는 사물이 없다고 하는 거야.

도덕경 29장에,

* **이런 까닭에 성인**(깨달은 사람)**은 심한 것을 버리고, 사치를 버리고, 정도가 지나친 것은 버린다는 거야**(是以聖人去甚'去奢'去泰).

깨달은 사람은 '나'라는 것에서 자유로워졌기에 중도에 머물며, 스스로 만족하기 때문에 귀중한 물건을 애써 구할 필요가 없고, 정도에서 벗어난 것을 추구하는 마음 자체가 사라졌다는 말이야.

더 웨이

이외에도 도덕경 47장, 49장, 57장… 71장 등등 지속적으로 노자는 '깨달은 사람은 어떠한가'에 대해 이야기하고 있어.

그래서 노자가 말하는 깨달은 사람은,

에고가 사라진 자. 그렇기에 나와 너, 이것과 저것, 좋고 싫음 등 판별에서 벗어난 자. 유쾌하거나 불쾌한 감각의 폭풍을 일으키지 않는 자. 더 이상 마치 자동기계장치처럼 혹은 마치 컴퓨터 알고리즘처럼 무의식적 스위치를 켜서 갈망과 혐오로 반응하지 않는 자. 있는 그대로 그 순간을 그 자체로 존재하는 자.

무위(無為) 즉, **'내가 없다는 자연스러움으로 살아가는 사람'**이라는 거야.

알겠어?"

더
웨
이

The
way

초판 1쇄 발행 2023. 6. 7.

지은이 바이즈
펴낸이 김병호
펴낸곳 주식회사 바른북스

편집진행 김재영
디자인 최유리

등록 2019년 4월 3일 제2019-000040호
주소 서울시 성동구 연무장5길 9-16, 301호 (성수동2가, 블루스톤타워)
대표전화 070-7857-9719 | **경영지원** 02-3409-9719 | **팩스** 070-7610-9820

•바른북스는 여러분의 다양한 아이디어와 원고 투고를 설레는 마음으로 기다리고 있습니다.

이메일 barunbooks21@naver.com | **원고투고** barunbooks21@naver.com
홈페이지 www.barunbooks.com | **공식 블로그** blog.naver.com/barunbooks7
공식 포스트 post.naver.com/barunbooks7 | **페이스북** facebook.com/barunbooks7

ⓒ 바이즈, 2023
ISBN 979-11-93127-26-1 03180